표충비각

중문

삼비문

삼대성사 표충비각

三大聖師 表忠碑閣

無二巨嶪 譯註

無二精舍

머리말

경상남도慶尙南道 밀양시密陽市 무안면武安面 무안리武安里
903번지 홍제사弘濟寺 도량道場 내에 있는 표충비각表忠碑閣
의 영당비影堂碑, 일명 '땀 흐르는 비碑'는 1592년 임진년壬辰
年의 왜란倭亂으로 도탄塗炭에 빠진 나라와 백성을 구救하기
위해 승려僧侶의 신분身分을 과감히 벗어던지고 전쟁터에
뛰어 들어 크나큰 공功을 세운 서산西山·사명四溟·기허騎虛
의 삼대성사三大聖師께서 이루신 공적功績을 기리기 위해
1742년 영조英祖 18년에 세워졌다.

영당비影堂碑의 총 높이는 3.9m이고 비신碑身 높이는
2.76m이며 폭은 95cm, 두께는 70cm이다. 전체적으로 동서
남북의 4면面에 걸쳐 총 4,138자字가 새겨져 있는데

① 남면南面은 송운대사비명松雲大師碑銘으로

유명조선국밀양표충사송운대사영당비명병서로 대광보
국숭록대부령중추부사 이의현李宜顯이 1,203자字의 비명碑

銘을 지었고

②서면西面은 표충사적비문表忠事蹟碑文으로

유명조선국영남밀주영취산표충사사적비로 자헌대부이
조판서겸지경연사홍문관대제학예문관대제학지춘추관성
균관사세자우빈객 이덕수李德壽가 704자字의 비문碑文을 지
었으며

③북면北面은 서산대사비명西山大師碑銘으로

유명조선국사국일자도대선사선교도총섭부종수교보제
등계존자서산청허당휴정대사비명 병서로 가선대부호조참
판 이우신李雨臣이 1,451자字로 비명碑銘을 지었다.

④동면東面은 음기陰記로 불사주역佛事主役 177명의 이름
을 780자字로 새겼다.

나라에 큰 경사慶事나 흉사凶事가 있을 때마다 땀을 흘리는
비碑로 알려져 있는 표충비각表忠碑閣의 영당비影堂碑는 삼
대성사三大聖師의 호국정신護國精神이 빚어낸 영험靈驗의
비碑로 대중大衆의 관심과 애정愛情을 받아오고 있다. 하지
만 정작 한문漢文으로 작성作成된 비문碑文의 내용을 제대로
알지 못한 채 그 앞에서 절만 하는 대중들을 보면서 한글

번역飜譯 작업이 시급한 일이라 생각되어 여러 자료資料들을
찾았으나 일괄一括된 자료가 부재不在함에 놀라 안타까워하
던 차에, 송광사松廣寺 박물관장博物官長이신 고경古鏡스님
과 인연因緣이 닿아 공동 자료조사는 물론 비석碑石 동면東面
의 정리까지 도움을 받게 되어 완성된 한 권의 책이 되었다.
이 책을 인연으로 많은 대중들이 비문의 내용을 제대로 알아
서산西山·사명四溟·기허騎虛의 삼대성사三大聖師께서 대승
적大乘的 중생衆生 구제救濟의 정신情神으로 나라와 백성百姓
을 지킨 공적功績을 잊지 말고 오늘에 그 뜻을 이었으면
하는 것이 산승山僧의 서원誓願이다.

　　　　　　　　불기 2561(丁酉 2017)年 春三月

　　　　　　　　無二精舍 無二 巨芙 謹香

① 송운대사비명[1]

② 유명조선국밀양표충사송운대사영당비명 병서

③ 대광보국숭록대부령중추부사 이의현[2]이 비명을 짓고

---

1 사명대사영당비四溟大師影堂碑는 1742(壬戌)년 경상도 밀양시 무안면 무안리 홍제사弘濟寺 경내에 표충비각表忠碑閣을 세워 모셨다. 비석 사면의 ①남면 은 송운대사비명松雲大師碑銘, ②서면은 표충사적비문表忠事蹟碑文, ③북면 은 서산대사비명西山大師碑銘, ④동면은 음기陰記로 불사佛事 주역主役의 명단을 새기고 있는데, 특히 ④동면 불사佛事 주역主役의 명단에는 찬자撰者 와 서자書者가 각각 다르면서 한 비석碑石에 기록되어져 있다. 나라에 큰 경사慶事나 흉사凶事 및 전쟁이 있을 때마다 땀을 흘리는 신기神奇한 일이 계속되어 호국신비護國神碑로 여겨지고 있으며 '땀 흐르는 비'로 불리기도 한다. 이 비석은 경북 경산慶山에서 벌석伐石하여 세운 비석으로 총 높이 3.9m, 비신碑身 높이 2.76m, 폭 95cm, 두께 70cm의 규모이다.

④가선대부행홍문관부제학지제교 김진상[3]이 비명을 쓰고

⑤대광보국숭록대부행판중추부사 유척기[4]가 전액篆額을
쓰다.

① 행

상고하건댄[5] 우리 선조임금[6] 재위在位 25 임진(壬辰. 1592.
6월)년에 일본 왜적이 군사를 크게 일으켜 침입侵入하였으
니 선조임금께서는[7] 치욕을 무릅쓰고 신의주 변방으로
몽진蒙塵하였다. 왜적의 흉측한 총칼이 조선 땅 팔도八道
곳곳에 만연蔓延하니 온 나라의 백성들이[8] 마치 많은 꿩이
한 마리 토끼를 보고 놀라 도망치듯 하니[9] 왜적들은 드디어

---

2 이의현李宜顯: (1669~1745) 자는 덕재德哉 호는 도곡陶谷이다. 1735년 영의정
　領議政에 올랐다.

3 김진상金鎭商: (1684~1755) 자는 여익汝翼 호는 퇴어退漁이다. 1753년 좌참찬
　左參贊에 올랐다.

4 유척기兪拓基: (1691~1767) 자는 전보展甫 호는 지수재知守齋이다. 1758년
　영의정領議政에 올랐다.

5 월粵: 발어사發語詞로 '곰곰이 생각하건대'라는 뜻이다.

6 소경昭敬: 조선 14대 선조대왕의 시호이다.

7 주상主上: 조선 14대 선조대왕을 이르는 말이다.

8 중외식언자中外食焉者: 중앙과 지방에서 먹고 살아가는 모든 백성을 이르는
　말이다.

우리나라를 마음대로 짓밟았다.[10] 이때 사명四溟대사 유정
惟政은 불교의 수행자로서[11] 수행정진修行精進하고 있었으
나 석장錫杖을 휘날리며 강원도 고성 금강산 유점사楡岾寺
로 달려가서 왜장倭將을 향하여 살생殺生을 즐겨하지 말라
고 큰 소리로 불법佛法을 설설說하니

② 행

왜장은 사명四溟대사의 그 의용儀容이 당당하고 늠름한
모습을 보고 즉시 일어나서 공손하게 예로써 경배敬拜하고
그 부하들을 훈계하니 이로 말미암아 영동지방 아홉 고을
백성들은 흉악무도凶惡無道한 칼날 아래 비참한 죽음을
면하게 되었다. 그리고 사명四溟대사께서는 강개慷慨한[12]
어조語調로 모든 승려들에게 이르기를 "우리들이 편안하
고 한가롭게 지내면서 수행修行할 수 있었던 것은 모두

---

9 다치토도多雉兎逃: 많은 꿩(국민)이 적은 토끼(왜적)를 보고 놀라 도망간다
   는 뜻이다.

10 사의유린肆意蹂躪: 마음대로 마구 짓밟는다는 뜻이다.

11 불자류佛者流: 불교에 귀의歸依하여 수행하는 스님을 말한다.

12 강개慷慨: 의롭지 못한 것을 보고 의기義氣가 복받치어 슬퍼하고 한탄한다는
   말로 사명四溟대사께서 나라의 백성과 강토疆土가 왜적에 유린蹂躪 당한
   것을 보고 비분강개悲憤慷慨했다는 뜻이다.

임금님의 은혜恩惠 때문이다.[13] 지금 나라의 위기危機가 이러한 지경至境에 이르렀거늘 앉아서 보고만 있으면서 나라와 백성을 구救하지 않는 것이 과연 옳다고 하겠는가?" 하시고 이에 의승병義僧兵을 모으니[14] 수백數百에 이르렀다. 곧 바로 의승병義僧兵과 함께 순안順安 법흥사法興寺로 달려가니 이 때 사명四溟대사의

③행

법사法師이신[15] 서산西山대사 휴정休靜께서는 마침 제도諸道[16]의 의승병義僧兵을 통솔統率하고 있었는데[17] 스스로 늙었다는 이유로 자리에서 물러나기를 원하시면서 법제자

---

13 우류음탁優遊飮啄: 배부르게 먹고 쉬면서 살아가는 행복한 생활을 뜻한다.

14 사명四溟대사께서는 수행자의 길은 아니나 나라의 위기에 진정한 수행은 의義로써 칼을 잡아 나라를 구하는 것이라 생각하여 의승병義僧兵을 모집하였다.

15 법사法師: 법통法統을 후계자에게 인가해준 스승을 말한다.

16 제도諸道: 당시 우리나라는 전국을 팔도八道, 즉 ①慶尙道 ②全羅道 ③忠淸道 ④京畿道 ⑤江原道 ⑥黃海道 ⑦平安道 ⑧咸鏡道로 나누어 통치하였다. 그러므로 제도諸道는 팔도八道를 의미한다.

17 서산西山대사 휴정休靜은 선조25 임진(壬辰. 1592)년 왜란이 발발하자 임금의 특명으로 팔도도총섭八道都摠攝이 되어 73세의 노구老軀를 이끌고 팔도八道의 승군僧軍을 통솔하여 전쟁에서 큰 공을 세웠다.

法弟子인 사명四溟대사 유정惟政을 자신을 대신하여 천거
薦擧하였다.[18] 마침내 사명四溟대사 유정惟政께서는 체찰
사體察使[19] 류성룡柳成龍[20]을 따라 명明나라 장수 유정劉綎
과 협동協同으로 평양성平壤城을 탈환하고 왜적의 무리를
물리쳤으며 도원수都元帥[21] 권율權慄장군을[22] 따라 영남으
로 내려가 왜적을 참획斬獲하고 큰 전공戰功을 세웠으므
로[23] 선조임금께서 이를 가상히 여겨 당상관堂上官으로
진계進階하였다.[24] 이어 명明나라 총병總兵 유정劉綎을 따

---

18 거사자대擧師自代: 서산西山대사 휴정休靜께서 제자인 사명四溟대사 유정惟
政을 자신을 대신하여 팔도도총섭八道都摠攝의 직職에 천거薦擧하였다는
말이다.

19 체찰사體察使: 국가에 전란이 일어났을 때 임금 대신 일반 군무를 총찰總察하
는 임무인데 재상宰相이 겸임함이 상례이다.

20 류성룡柳成龍: (1542~1607) 조선 중기의 문신으로 임진왜란 때 4도도체
찰사四道道體察使와 영의정으로 어려운 조정을 총지휘하였다.

21 도원수都元帥: 조선시대의 무관武官 임시 벼슬로 전쟁이 났을 때 군무軍務를
총괄하였다.

22 권율權慄: (1537~1599) 조선의 명장名將으로 자는 언신彦愼 호는 만취당晚翠
堂이다.

23 하영남下嶺南: 사명四溟대사께서 전공戰功을 세워 당상관堂上官에 제수除授
되었던 것은 의령宜寧전투에서였다. 여기에서의 영남으로 내려갔다는 것은
경남 의령宜寧으로 내려갔다는 의미이다.

24 당상관堂上官: 조선시대 정3품 이상의 품계品階에 해당하는 벼슬을 통틀어

라 왜적의 진영陣營[25]에 들어가 가등청정加藤淸正을 깨우쳐 타이르기 위해[26] 세 번이나 왕래하면서

④ 행

왜적의 동태動態를 살펴 요긴하고 중요한 정보를 얻기도 하였다. 이때 가등청정加藤淸正이 "조선에 보배가 있는가?"라고 묻자 사명四溟대사께서 답하기를 "조선에는 보배가 없다. 보배는 일본에 있으니 너의 머리가 조선의 보배다."[27]라고 하니 가등청정加藤淸正의 기색氣色이 두려움으로 변했다. 사명四溟대사께서 본영本營으로 돌아오자 선조임금께서 궁궐로[28] 불러 왜적의 정세를 낱낱이 물으시고

이르는 말이다. 정3품 이상의 품계品階는 조선의 관직 가운데서도 정책결정에 참여하고 그 정치적 책임을 가지는 자리였다.

25 **왜영倭營**: 경남 울산蔚山 서생포西生浦에 주둔하고 있었던 가등청정加藤淸正의 진영陣營을 말한다.

26 **개유開諭**: 사물四物의 이치理致를 깨우쳐 알아듣도록 잘 타이름을 이르는 말이다.

27 **약두시야若頭是也**: 약若 자字는 너(汝)의 의미로 쓰이므로 가등청정加藤淸正을 나타내는 말이다. 그러므로 가등청정加藤淸正 너의 머리가 조선의 보배다 라는 의미이다.

28 **내달內闥**: 달(闥)은 궁중의 소로小路에 세운 문으로 내달內闥은 궁궐이나 왕궁을 뜻한다.

는 하교下敎하시기를 "옛날 유병충劉秉忠과[29] 요광효姚廣孝
는[30] 모두 산인山人의 승려로서 국가에 공훈功勳이 있었으
니 사명四溟대사도 만약 머리를 기르고 환속한다면 백리百
里의 땅과[31] 삼군三軍의[32] 통솔권을 주겠노라."라고 하였
으나

⑤ 행

사명四溟대사께서는 "감히 감당할 수 없으므로 불가不可하
옵니다."라고 사양하였다. 선조임금께서도 또한 사명四溟
대사의 뜻을 굽힐 수 없었으므로 특별히 칭찬하고 무기고

---

29 유병충劉秉忠: 원元나라 나주那州 사람으로 명名은 패佩요 자字는 중회仲晦며
   시호諡號는 문정文正이다. 불교에 입문한 부처님 제자의 신분으로 나라에
   공훈功勳을 세웠으므로 그 이름이 후대에 널리 유포流布되었다. 지원(至元,
   1264~1294) 초初에 태보太保 직직을 하사받았다.

30 요광효姚廣孝: 명나라 장주長州 사람이다. 의사醫師의 아들로 14살에 승려가
   되었으며 법명은 도연道衍, 자는 사도斯道, 호는 천희天禧, 시호는 공정恭靖
   이다. 시화詩畵에 능하였으며 연왕燕王의 추대로 광수사廣壽寺의 주지가
   되었고 연왕燕王에게 병력 동원을 권하여 연왕이 성공하였으므로 태자소사
   太子少師로 추대되고 광효廣孝란 이름까지 하사받았다.

31 백리지기百里之寄: 사방 백리의 국토를 떼어 준다는 뜻이다. 즉 한 고을을
   맡긴다는 말이다.

32 삼군三軍: ① 육군 ② 해군 ③ 의승군義僧軍 삼군의 통솔권을 맡기겠다는
   말이다.

에 있는 갑옷과 무기를 주면서 남은 왜적들을 모두 토벌討
伐하라 하였다.[33] 또한 사명四溟대사께서는 성城을 쌓고
요소마다 진지鎭地를 구축하여 보장保障을 완벽하게 하고
곧 선조임금께서 내리신 인수印綬를[34] 반납하고 산속으로
돌아가 휴양하기를 간절히 청하는 장계狀啓를 올렸으나
선조임금께서는 이를 허락하지 않았다. 정유(丁酉. 1597)
년 왜적의 재침再侵에[35] 사명四溟대사께서 명나라 장수
마귀麻貴와 유정劉綎 두 제독提督과 함께 흉측한 왜적들을
물리치고 나라를 평정하는 큰 공훈을 세움으로 선조임금
께서 특별히 가선대부嘉善大夫[36]와 동지중추부사同知中樞
府事를[37] 제수除授하였다.

---

33 여적餘賊: 영남嶺南·순천順天·예교曳橋 등지에 남아 있던 왜적의 잔당殘黨들
   을 말한다.
34 인수印綬: 관인官印 따위를 몸에 찰 수 있도록 인印 꼭지에 단 끈을 말한다.
35 정유재란丁酉再亂: 조선과 강화가 결렬되자 1597년 일본은 많은 병력을
   이끌고 다시 침략하였다. 1598년 이순신휘하의 수군이 노량에서 일본의
   퇴로를 차단하여 승리를 이끌었던 노량해전을 끝으로 일본과의 7년간의
   전쟁은 끝나게 되었다.
36 가선대부嘉善大夫: 조선시대 종이품從二品인 문무관의 품계이다.
37 동지중추부사同知中樞府事: 조선시대 중추부中樞府에 두었던 종이품從二品
   의 관직이다. 원래 군사관계의 일을 맡은 관청이던 중추원中樞院이 세조대

⑥ 행

신축(辛丑. 1601)년에는 또 부산성釜山城을 쌓았고 갑진(甲辰. 1604)년에는 국서國書를 받들고[38] 일본 왕도王都로 건너가니 모든 왜인倭人들은 서로 돌아보고 놀라며 두려워하면서 강화講和의 약속을 삼가 받아들였다.[39] 강화講和를 성공시킨 후 포로捕虜로 잡혀갔던 남녀 삼천오백三千五百여 명을 데리고 5월에 환도還都하여 6월에 복명復命하니 선조임금께서는 가의대부嘉義大夫로[40] 승급시켜 벼슬을

에 중추부中樞府가 되었다.

38 1604(甲辰)년 2월 21일 법사法師이며 스승인 서산西山대사께서 입적하셨다는 부음訃音을 듣고 묘향산으로 가시던 도중 선조임금의 부름을 받고 궁宮으로 들어가니 강화사講和使로 일본을 가라는 국서國書를 내리셨다. 그리하여 국서를 받들고 7월 1일 서울을 떠나 8월 20일 다대포多大浦를 거쳐 일본으로 건너갔다.

39 수약속유근受約束惟謹: 임진왜란을 일으킨 풍신수길豊臣秀吉이 사망하면서 일본 국내에서 힘을 비축한 덕천가강德川家康은 1600년 강력한 정적들을 제압하고 일본을 통일했다. 통일 후 정치적 안정과 경제적 성장을 꾀했던 덕천가강은 1604년 강화사講和使로 온 사명四溟대사와 대좌對坐하여 조선이 제안한 평화의 약속과 전란 중 일본으로 건너 온 보물과 포로 송환의 약속까지 하게 된다. 강화講和의 성공 뒤에는 사명대사의 도탄에 빠진 나라와 백성을 구하겠다는 대승적大乘的 일념一念이 있었다.

40 가의대부嘉義大夫: 종이품從二品의 상계上階이다.

제수除授하고 넉넉하게 하사품下賜品을 내려 충정忠情을 치하致賀하셨다. 이후로 사명四溟대사께서는 몸이 날로 쇠퇴衰退하므로 3일 만에 벼슬을 사직하고 치악산 각림사覺林寺를 거처 가야산 해인사 홍제암으로 돌아와 주석하시다가 경술(庚戌. 1610)년 8월 26일에 입적入寂하시니[41] ⑦ 행

세수世壽는 67세요 법랍法臘은 53세[42]였다. 그 후 동년 11월 20일 다비茶毘하여 정골사리頂骨舍利 1과一顆를 얻어 석종石鐘을 다듬어 봉장奉藏하고 사리탑舍利塔을 세웠다.[43] 사명四溟대사께서는 풍천임씨豊川任氏 후예後裔로 그의 부친의 휘諱는 수성守成이다.[44] 모친은 달성서씨達成

---

41 시적示寂: 부처나 보살 고승의 죽음을 나타내는 말로 입적入寂과 같은 뜻이다.

42 법랍法臘: 본문에는 법랍法臘이 57세로 되어 있으나 1612년 간행한 목판본 부록에 의하면 법랍 53세로 정정되어 있다. 13세에 황유촌黃柳村 문하에서 공부하시다가 15세 5월에 직지사 신묵信默스님에게 득도得度하였으므로 법랍은 53세 3개월이 되어야 한다.

43 솔도파窣堵坡: 탑塔이나 부도浮屠를 말한다.

44 수성守成: (?~1559) 수성은 사명대사의 부친이다. 생졸연대를 알 수 없었으나 풍천임씨 전 종친회 회장 임영훈任永勳의 기록을 참조하였더니 ?~1559년 이었다.

徐氏이며 그 사이에서 가정嘉靖 23년 갑진(甲辰. 1544)년 10월 17일 둘째 아들로 탄생하였으니 속명은 응규應奎이시다. 사명四溟대사께서는 어릴 때부터 특별한 재능으로 독서에도 뛰어났으나 문득 깨달음이 있어 황악산 직지사에서 축발祝髮하시고 득도하셨다.[45]

⑧ 행

이르기를 이환離幻[46]은 재능과 생각이 일찍부터 수승殊勝하여 소재蘇齋 노수신盧守愼[47] 사암思菴 박순朴淳[48] 고봉高峰 기대승剞大升[49] 제봉霽峰 고경명高敬命[50] 등 이름 높은

---

45 조부 종원宗元에게 사략史略을 배우고 1556(丙辰)년 13세에 황유촌黃柳村 문하門下에서 공부하시다가 홀연히 뜻한 바가 있어 1558戊午 5월 15세에 황악산黃岳山 직지사直指寺 신묵信默화상에게 축발祝髮로 득도하니 법명法名은 유정惟政이며 자字는 이환離幻이고 법호法號는 송운松雲·사명四溟이며 시호諡號는 자통홍제존자慈通弘濟尊者이시다.

46 이환離幻: 사명四溟대사의 자字이다.

47 소재蘇齋: 조선 중기의 문인 학자였던 노수신(盧守愼, 1515~1590)의 호號이다.

48 사암思菴: 조선 중기의 문인이었던 박순(朴淳, 1523~1589)의 호號이다.

49 고봉高峰: 조선 중기의 주자학자 문신이었던 기대승(奇大升, 1527~1572)의 호號이다.

50 제봉霽峰: 조선 중기의 문신 의병장이었던 고경명(高敬命, 1533~1592)의 호號이다.

여러 유생들과 상생相生하는 바가 되었고 또 시인詩人

묵객墨客, 가운嘉運 최경창崔慶昌[51] 미숙美叔 허봉許篈[52]

자순子順 임제林悌[53] 익지益之 이달李達[54] 등의 무리들과

함께 교류하면서 읊은 시詩는 맑고 아름답고 준엄遵嚴함이

가히 훌륭하였다. 사명집四溟集이 세상에 간행刊行되어

있으나[55] 그러나 모두 사명四溟대사의 보잘 것[56] 없고 허술

한 것[57]일 뿐이므로 마땅히 충분한 것이 못된다. 오직 타고

난 기백氣魄이

⑨ 행

호방豪放하여 스스로 달통達通한 식견識見과 밝은 지혜智

---

51 가운嘉運: 조선 중기의 시인이었던 최경창(崔慶昌, 1539~1583)의 호號이다.

52 미숙美叔: 조선 중기의 문인이었으며 허균許筠의 친형이었던 허봉(許篈, 1551~1588)의 호號이다.

53 자순子順: 조선 중기의 문인 임제(林悌, 1549~1587)의 호號이다.

54 익지益之: 조선 중기의 시인 이달(李達, 1539~1612)의 자字이다.

55 사명집四溟集: 허단보許端甫의 서문序文과 뇌묵당雷默堂이 발문跋文한 1612 (壬子)년 목판각이 표충사에 보존되어 있는 것을 편자가 발견하여 2005년 사명대사어록을 주해로 발간하였다.

56 토자土苴: 두엄풀 또는 거름풀에 얽힌 흙으로 볼품없고 하잘 것 없는 것을 나타내는 말이다.

57 비강粃糠: 쭉정이와 겨를 아울러 이르는 말로 변변치 못한 것이나 하찮은 것을 나타내는 말이다.

慧가 있어 불교異教[58]를 따랐으나 그 가르침에 구애되는 바가 없어 세상으로 나와 난리를 그치게 할 뜻을 품었고 인륜人倫을 떠났으나 나라를 지키겠다는 성심誠心이 돈독敦篤하여 왜적倭賊의 세력이 마치 조수潮水와 같이 밀려와서 안개가 온 천지를 뒤덮은 듯 하는 어지러운 때를 당當하여 충의忠義로 끓어오르는 울분鬱憤을 스스로 능히 막아내지 못하고 적진敵陣에 들어가 한마디의 말로써[59] 추악한 왜적의 무리를 굴복시켰고 한 자의 검劍으로써 수승殊勝한 공적功績을 세웠는데 공空을 말하고

⑩ 행

환幻을 설설說設하는 일개 고선枯禪은[60] 불가不可하다 하니 그에 비하면 사명四溟대사께서는 인륜人倫의 성설스러운 가르침으로 옛 영웅호걸英雄豪傑을 경책警策하는 분이며 대

---

58 이교異教: 이교異教의 의미를 찬자撰者의 입장에서 보면 불교佛教가 되고 사명四溟대사의 입장에서 보면 유교儒教가 된다. 여러 해석들이 있지만 여기서는 앞뒤의 문맥으로 보아 찬자撰者의 입장이 타당한 듯하여 이교異教는 불교佛教로 본다.

59 편언片言: 간단한 말, 한마디 말, 한쪽 사람이 하는 말을 뜻한다.

60 고선枯禪: 상구보리上求菩提, 위로 깨달음을 이루고 하화중생下化衆生, 아래로 중생을 구제하겠다는 대승적 이념理念을 외면하고 오로지 상구보리上求菩提만을 탐닉耽溺하는 소승적 선정禪定을 말한다.

개 또한 그 포부抱負가 보통 사람과 같지 않음을 알 수
있으니 곧 어찌 한 시대의 의부毅夫이며[61] 한 세상을 뒤덮을
위대한[62] 인물이라 하지 않겠는가! 영남의 밀양密陽에 표충
사表忠祠를 짓고 사명四溟대사를 제향祭享하되 서산西山
대사 휴정休靜은 최초로 어려운 난세亂世를 구救하여 바로
잡은 공적功績이 있으므로 기허騎虛대사 영규靈圭는[63]

⑪ 행

왜적을 섬멸殲滅하여 장렬壯烈함을 나타내고 마침내 순절
殉節하였으므로 사명四溟대사와 함께 제향祭享하게 되었
다.[64] 숙종조肅宗朝에 해당 관官에 명命하여 제수祭需를

---

61 의부毅夫: 용맹스러운 장부, 의지가 굳센 장부를 뜻한다.

62 개대盖代: 당대當代를 뒤덮을 정도의 위대한 업적을 말한다.

63 영규靈圭: 조선 중기의 승려로 임진왜란이 일어나자 승병장僧兵將이 되어
승려 수백 명을 이끌고 청주성전투와 금산金山전투에 참가하여 승리로
이끌어 공적功績을 세웠다. 하지만 금산金山전투에서 부상을 입어 임진(壬
辰. 1592. 8월)년 입적入寂하셨다. 계룡산 갑사甲寺에 사당이 있으며 법명은
영규靈圭이고 법호는 기허騎虛이다.

64 제향祭享: 숙종조肅宗朝에 이르러 영남 밀양에 표충사表忠祠를 세우고 임진
왜란 때 공적功績이 지대했던 서산西山대사 휴정休靜과 사명四溟대사 유정惟
政 그리고 기허騎虛대사 영규靈圭의 삼대사三大師를 함께 모시고 제향祭享을
지내게 하였다.

공급하게 하였고[65] 당저當宁[66]에 또한 복호復戶를 내리도
록[67] 명命하였으니[68] 이는 사명四溟대사의 충의忠義에 대한

---

65 숙종40 갑오(甲午. 1714)년 김창석(金昌錫, 1712~1716)이 밀양부사로
부임하여 폐허가 된 옛터에 다시 사당을 짓고 경상감사에게 보고하여 조태억
趙泰億 감사監査가 조정朝廷에 상소上訴하여 관官에서 전前과 같이 제수祭需를
공급하도록 하였다.

66 당저當宁: 저宁는 고대 중국의 군주가 조회를 받기 위해 앉는 자리를 이르는
글자이다. 그러므로 당저當宁라 하면 비석이 건립될 당시 1742(壬戌)년의
재위 왕이었던 영조英祖임금을 나타낸다.

67 급복給復: 국가가 각 호戶에 부과하던 요역徭役을 감면하거나 면제해 주는
것을 말한다.

68 오결五結: 조선시대 국가권력은 재정財政을 주로 조세租稅 수입을 통해
충당하였다. 조세租稅에는 크게 토지에 부과하는 세금인 전세田稅와 16~60
세 남자가 자신의 노동력을 직접 제공해야 했던 역역力役인 군역軍役과
요역(徭役: 성·왕릉·저수지 공사 등의 토목공사에 동원되어 노동력을 제공)
그리고 각 지방의 특산물을 거둬들이는 공납貢納으로 나누어져 운영되었
다. 이러한 조세租稅제도는 임진왜란 이후 제도의 운영 방식에 큰 변화가
있었다. 특히 직접적인 노동력을 제공하던 군역軍役과 요역徭役에서 노동력
대신 쌀(米)이나 곡식, 그리고 베(布) 등으로 납부할 수 있게 된 것이다.
결結이란 조세租稅부과 단위이다. 세종조世宗朝에 전국의 토지를 6등급으
로 나누어 1결結당 조세액租稅額을 책정하여 부과하였는데 예컨대, 1등급의
토지일 경우 1결結이 약 3,025평정도이고 6등급의 토지일 경우 1결結이
12,102평 정도이다. 여기에 부과되는 세액稅額은 모든 등급의 토지 1결結
당 답畓일 경우 쌀(米) 20두斗, 전田일 경우는 콩(豆)이나 잡곡 20두斗(1斗=1
말/8kg)였다. 임진왜란 이후가 되면 모든 조세租稅의 현물납세現物納稅가

풍성風聲을[69] 세워 후세後世에 권장하려는 것이다. 사명四溟대사는 일찍부터 수염을 자르지 않고 길러서 그 길이가 허리띠까지 이르렀던 것도 또한 남달랐다. 지금도 사명四溟대사의 영정影幀이 표충사表忠祠에 모셔져 있다. 나(李宜顯)는 본래 석자釋子를 위해 문자文字 짓는 것을 좋아하지 않았으나 비문碑文을 지어 달라는 간절한 청請에

⑫ 행

문득 붓을 잡은 것은 오직 사명四溟대사의 행적行蹟이 뛰어나고 나라와 백성을 위한 의義로운 마음이 훌륭하여 물리치지 못하고 다음과 같이 비문碑文을 지어 새기게

가능해지면서 1결結당 보통 50두斗까지도 부과되었다. 복호復戶는 조세租稅 중에서도 요역徭役을 면제해 주기 위해 시행된 제도였으나 차츰 그 성격이 변하여 전세田稅나 공부貢賦까지 면제해 주는 사례가 많아져 문제가 되기도 하였다. 표충사表忠祠에 복호復戶 5결結이 왕명王命으로 내려졌다고 한다면 대략 100두斗에서 많게는 250두斗까지 납부를 면제 받았을 것으로 추측할 수 있다. 토지를 지급하기도 했으니까 1등급이라면 15,125평일 것이고 6등급이라면 60,510평 정도를 지급받았을 수도 있을 것이다. 물론 전全 조선시대를 거쳐 정확한 조세租稅제도의 시행은 없었으니 추측해 볼 따름이다.

69 풍성風聲: 들리는 명성名聲 혹은 교육이나 정치의 힘으로 풍습을 교화하는 일을 말한다.

되었으니 그 명銘에 이르기를

① 사람에게는 오륜이 있으니[70]

첫째는 군신君臣이로다.[71]

국난國難을 당하여 의義를 위해 분기奮起하니

나라國는 있으나 자신自身은 없음이라.

② 이것이 올바른 도리道里며

유교儒教를[72] 따르는 것이로다.

경전을 독송하고[73] 발우鉢盂를[74] 가지면

부처이지 사람이 아님이라.

③ 홀로 공문空門을 지키며

자각自覺하는 것이 불교이지만[75]

---

70 오륜五倫: ① 부자유친父子有親 ② 군신유의君臣有義 ③ 부부유별夫婦有別 ④
장유유서長幼有序 ⑤ 붕우유신朋友有信이다.

71 군신君臣: 오륜五倫의 하나로 임금과 신하의 도리는 신의信義에 있다는
것으로, 즉 충성忠誠으로 생명을 바친다는 의미이다.

72 명교名教: 유교儒教를 달리 이르는 말이다.

73 주범呪梵: 범문梵文을 읽는다는 것은 불교 경전經典을 독송讀誦한다는 의미
이다.

74 발우鉢盂: 바리때라고도 하며 절에서 쓰는 스님들의 공양그릇을 이르는
말이다.

세상의 위란危亂을 보고

어찌 앉아서 신음만 할 것인가![76]

④거룩하다 사명四溟대사 송운松雲이여!

자취는 환幻이나 마음은 진眞이로다.

수염鬚髯이 있어 무릎에 이르고

구국救國의 정신은 만고萬古에 더욱 빛남이로다.

⑤수승殊勝한 그 뜻을 생각하니

먹물 옷에 만족하지 않음이로다.

오랑캐가 졸지에 난리를 일으켜 놀라게 하니[77]

재앙의 티끌 남김없이 맑힐 것을 맹서盟誓함이로다.

⑥승병僧兵을 모으고 무리를 가려 뽑으니

사률師律은 더욱 새로워짐이로다.[78]

유점사楡岾寺에서 중생을 구제救濟하니

---

75 이륜夷淪: 불교佛教를 말한다.

76 빈신嚬呻: 얼굴을 찌푸리고 끙끙거리는 것을 말한다.

77 만경졸기蠻警卒起: 선조 25 임진(壬辰. 1592)년에 왜란倭亂이 일어나 온 나라가 도탄에 빠졌다는 말이다.

78 사명四溟대사께서 의승병義僧兵 수백 명을 모아 서산西山대사 휴정休靜께서 팔도도총섭八道都摠攝에 임명되어 의승병義僧兵을 통솔 지휘하고 있던 순안順安 법흥사法興寺로 달려 가셨다.

감화感化가 흉악凶惡하고 어리석은 무리에게 미침이
로다.[79]

⑦ 아홉 고을이 편안便安해졌으니[80]

모든 중생들을 고루 살린 것이로다.

서산西山대사께서 먼저 사양辭讓하면서

제자 사명四溟을 추천하니 임금께서 중용重用함이

로다.[81]

⑧ 전쟁에 나아가 보낸 세월

왜적을 방어하기 위한 성벽城壁을 쌓고

전쟁 중에 얻은 전과戰果 많으니

임금으로부터 하사품下賜品 넘쳐남이로다.

⑨ 부산釜山 진영陣營 세 번이나 왕래함에[82]

---

79 유점구중揄岾救衆: 사명四溟대사께서 왜적이 유점사揄岾寺까지 쳐들어 왔다
는 소식을 듣고 바로 달려가 왜장倭將 3인人을 설득하니 사명四溟대사의
법력法力에 감화感化를 받은 왜적의 무리들은 스님으로부터 오계五戒까지
받았는데 그 사실을 말하는 것이다.

80 구군안첩九郡安帖: 유점사揄岾寺에서 왜적의 무리를 교화敎化한 탓에 영동嶺
東 아홉 고을이 적賊의 짓밟힘을 당하지 않게 된 사실을 말한다. 첩帖은
문서나 표제 등의 의미가 있는 글자이니 고요하고 잠잠하다의 뜻이 있는
첩帖 자字로 보는 것이 타당할 것 같다.

81 주註 18)을 참고할 수 있다.

특히 온 정성精誠 다함이로다.

보배를 운운云云할 때는 그 말이 호기豪氣로웠으니[83]

그 기상氣象의 높고 맑기가 가을 하늘 같았음이로다.

⑩ 혀舌로써 칼날을 대신하니

멀리 있는 강한 이웃 두려워함이로다.

칠七년간의 병란兵亂[84]

그 공功이 남쪽지방 백성에게 미침이로다.[85]

⑪ 선조임금께서 충정忠情을 돌아보고

타일러 깨우치심이 순순[86]함이로다.

옛날 유병충劉秉忠[87]과 요광효姚廣孝[88]의

공훈功勳 기린麒麟에 비유比喩될 것이로다.[89]

---

82 부영삼반釜營三返: 주註 25)를 참고할 수 있다.

83 가등청정加藤淸正이 사명四溟대사에게 '조선에 보배가 있는가?'라고 물었을
때 대사大師께서 '가등청정加藤淸正 너의 머리가 곧 조선의 보배로다.'라고
말한 것을 나타낸다.

84 주註 35)를 참고할 수 있다.

85 공재남민功在南民: 7년간의 전쟁에서 가장 많은 피해를 입었던 경상도
전라도의 백성들에게 사명四溟대사의 전과戰果는 그나마 피해를 줄이는
큰 원인이었다.

86 순순諄諄: 타이르는 태도가 아주 다정하고 친절한 것을 말한다.

87 유병충劉秉忠: 주註 29)를 참고할 수 있다.

88 요광효姚廣孝: 주註 30)을 참고할 수 있다.

⑫ 그대도 능히 뜻을 굽혀 환속還俗하여

　나朕를 도와 태평太平의 시대를 만든다면[90]

　백리百里의 땅과 삼군三軍을 맡길 것이니[91]

　기꺼이 나의 뜻을 받들어 주기를 부촉咐囑하노라.

⑬ 사명대사께서는 머리를 조아려 절하면서

　감히 뜻을 받들지 못하고 물러남이로다.

　신臣은 늙어서 무능無能하오니

　바라옵건대 자애롭고 인자仁慈하심 드리옵소서.

⑭ 다만 한적閑寂한 산속 도량道場에서

　잔나비와 새들과 함께 벗하고자 함이로다.

　이것이 신臣이 본래 품은 뜻이라고

　지성至誠으로 아룀이로다.

⑮ 훌쩍 날아 돌아와 누웠으니[92]

---

89 기린麒麟: 중국 신화神話에 등장하는 외뿔짐승으로 그 출현은 매우 드문 일로 성인聖人이 이 세상에 나올 때 그 징조로 나타난다고 한다. 그래서 아주 귀貴한 것을 말할 때 자주 비유比喩되는 표현이다. 선조宣祖대왕은 승려의 신분으로 국가에 공功을 세워 역사에 이름을 남긴 중국의 유병충劉秉忠과 요광효姚廣孝를 기린麒麟에 비유比喩하면서 그와 같은 상황에서 이룬 사명四溟대사의 공훈功勳을 치하致賀한 것이다.

90 창진昌辰: 창성昌盛의 시대, 곧 태평시대太平時代를 말한다.

91 주註 31)과 32)를 참고할 수 있다.

치악산 첩첩산중疊疊山中이로다.[93]

성은聖恩의 망극罔極함에[94]

굳은 절개節槪로 드러냄이로다.

⑯ 무량세계 비추던 호광毫光 갑자기 멎으니[95]

법운法運이 마침내 사라짐이로다.

탑塔과 묘廟는 허공에 솟았고

신묘神妙한 사리로 진귀珍貴함 보임이로다.[96]

⑰ 밀양密陽에서 제향祭享 올려 보답하니[97]

---

92 편연翩然: 복잡하고 어려운 일을 훌훌 털어 버리고 새가 훌쩍 날 듯 한다는 뜻이다.

93 사명四溟대사께서는 치악산 동쪽에 자리한 각림사覺林寺로 가셔서 주석住錫하시면서 각림사심검당낙성소覺林寺尋劍堂落成疏를 짓기도 하셨다. 그 내용은 『사명대사어록』 227쪽을 참고할 수 있다.

94 조첩稠疊: 빈틈없이 차곡차곡 쌓이거나 포개져 있음을 말한다. 중첩重疊과 같은 의미이다.

95 호광毫光: 부처님의 두 눈썹 사이에 있는 희고 빛나는 가는 터럭으로 백호白毫라고 하는데 이 광명이 무량세계를 비춘다고 한다.

96 현주시진玄珠示珎: 야광주夜光珠라고도 하는데 여기서는 부처님이나 스님의 사리로 본다. 사리는 밤에 빛을 발한다. 화장한 후 정주頂珠 곧 정골사리頂骨舍利 1과粿가 나타나 사명四溟대사의 법력法力을 보였다는 뜻이다. 진珎은 진珍의 속자俗字이다.

97 응천보사凝川報祀: 숙종肅宗조 응천군凝川郡에 표충사表忠祠를 세우고 제향祭享을 올려 그 은혜에 보답토록 하였다는 뜻이다. 응천凝川은 밀양의

천만년이 지나도록 편안便安할 것이로다.

영정影幀이 사당祠堂에 봉안奉安되었으니

신령神靈스러운 기운氣運 성성盛盛함이로다.

⑱ 제수祭需를 공급供給케 하고 복호復戶를 내리니[98]

나라의 표창表彰이 빈번頻繁함이로다.

오직 이와 같이 착수着手함은

대개 융균戎衿을[99] 신칙申飭함이로다.[100]

⑲ 전대前代에 이와 같은 공적功績 없었으니

깊고 넓은 가르침 이것으로 말미암음이로다.

세 분 성사聖師 함께 제향祭享하니[101]

주主와 빈賓 서로 삼음이로다.

⑳ 공훈功勳에 보답코자 의열義烈을 드러냄이니

옛 지명으로 물을 모으고 세지 않게 한다는 다분히 비보裨補적인 입장에서
만든 지명이다.

98 급수사복給需賜復: 표충사表忠祠 건립 후 해마다 제향祭享에 소용되는 비용을
나라에서 공급하였다는 말이다. 주註 67)과 68)을 참고할 수 있다.

99 개칙융균盖飭戎衿: 사명四溟대사께서 나라와 백성을 사랑하는 마음으로
전쟁에 뛰어들어 이룬 그 공훈功勳을 잊지 않도록 경계警戒한다는 말이다.

100 신칙申飭: 단단히 일러서 경계한다라는 뜻이다.

101 삼사三師: 표충사表忠祠에 서산西山대사·사명四溟대사·기허騎虛대사 세분
을 모신 것을 말한다.

널리 퍼져 미치게 함이 끝이 없음이로다.

내가 그 일을 쓰고

비석碑石에 새김이로다.[102]

㉑이에 스님들로 하여금

사명四溟대사의 의義로움을 진실로 따르게 함이로다.

공허한 적정寂靜 속에 빠지지 말고

사명四溟대사를 따라 환난患難을 구제救濟할 것이로다.

㉒숭정崇禎 후 두 번째 임술(壬戌. 1742)년 10월 일에

세우다.[103]

---

102 각지정민刻之貞珉: 정민貞珉은 단단하고 아름다운 돌(石)로 비석碑石을
만드는 재료로 쓰인다. 사명四溟대사의 자취를 글로 써서 새겨(刻) 비석碑石
을 세운 것을 말한다.

103 숭정원년崇禎元年은 인조 6 무진(戊辰. 1628)년이고 그 후 재再 임술壬戌
년은 영조 18 임술(壬戌. 1742)년이다.

一. 松雲大師碑銘(南面)

① (篆額): 松雲大師碑銘
② (題號): 有明朝鮮國密陽表忠祠松雲大師影堂碑銘
  幷序
③ (撰者): 大匡輔國崇祿大夫領中樞府事 李宜顯 撰
④ (書者): 嘉善大夫行弘文館副提學知製教 金鎭商 書
⑤ (篆者): 大匡輔國崇祿大夫行判中樞府事 兪拓基 篆

① 行

粵我昭敬大王在宥之二十五年日本賊大擧兵入寇主
上鄱在西陲凶鋒彌滿八路中外食焉者多雉兔迸賊遂
肆意蹂躪維時松雲大師惟政佛者流也飛錫入高城諭
賊勿

②行

嗜殺賊見其儀容凜然即起敬戒其徒由是嶺東九郡得
免屠戮之慘旣而慷慨語諸僧曰吾等優游飲啄皆聖恩
也今國危至此坐視不救可乎乃募衆至數百亟赴順安
時師之

③行

師休靜方總諸道僧兵辭以老舉師自代遂從體察使柳
成龍協同天將破平壤賊隨都元帥權慄下嶺南婁有斬
獲上嘉歎進階堂上使隨劉總兵綖入倭營諭意清正三
往三

④行

返盡得要領正問朝鮮有寶乎曰無有寶在日本若頭是
也正色沮及還上召至內閤歷問事情仍敎曰昔劉秉忠
姚廣孝俱以山人勳在國家爾若長髮百里之寄三軍之
命無

⑤行

所不可師辭以不敢上亦不屈其志特給武庫鎧仗俾抄
擊餘賊已又助築城埤餉儲胥完保障卽上印綬抗章乞
休不許丁酉倭再逞從麻劉二督府具有勞勤特陞嘉善

拜同知

⑥行

中樞辛丑又築釜山城甲辰奉國書往日本諸倭相顧驚
憚受約束惟謹還被虜男婦三千餘口復命加階嘉義優
錫賚以獎之是後年益老乞骸自雉嶽入伽倻山至庚戌
秋示

⑦行

寂世壽六十七僧夏五十七茶毘之夕得舍利一具藏之
石鍾建窣堵坡師豐川任氏也父守成娶達成徐氏生師
於嘉靖甲辰幼有異質稍長讀書忽有契悟投黃嶽山薙
髮字曰

⑧行

離幻才思夙詣爲蘇齋思菴高峯霽峰諸名公所賞識與
詩人崔嘉運許美叔林子順李益之輩遊爲詩淸遒可觀
有四溟集行于世然斯皆師之土苴粃糠爾固不足道也
唯是稟氣

⑨行

豪逸自有達識明智從異敎而不爲其敎所圍出世而懷
弭亂之志離倫而篤衛國之誠當賊勢潮驅雰雺迒天忠

義鬱律不能自禦片言折伏羣醜尺劒建立殊績有不可
以談空說

⑩ 行

幻之一枯禪比而倫之聖教引古英傑策勉者蓋亦深知
其抱負之不常則豈不爲一時之毅夫盖代之偉男也哉
嶺南之密陽有表忠祠以享師而休師以有寂初勘難之
功靈圭

⑪ 行

以殲賊著烈終又殉節与師並腏肅宗朝命官供祭需當
宁又命給復所以樹風聲勸來後也師嘗存鬐不去其長
至帶亦異矣今遺像留在祠中余雅不喜爲釋子作文字
有來

⑫ 行

請輒麾之唯師事跡絶奇義難一例斥却遂爲之銘其詞

① 人有五倫一則君臣 臨難奮義有國無身

② 斯爲正理名教攸遵 呪梵持鉢佛也匪人

③ 獨守空門自甘夷淪 視世危亂寧肯嚬呻

④ 偉哉松雲跡幻心眞 存鬐至膝有燁精神

⑤ 想厥雅意不屑緇巾 蠻警卒起誓清氛塵

⑥ 哀兵選徒師律一新　榆岾救衆化彼兇嚚
⑦ 九郡安帖全活惟均　西山讓先用徹重宸
⑧ 歷載從戎箕壘鼎津　鹵獲侯多特侈緋銀
⑨ 釜營三返尤竭忱恂　說寶語壯氣薄秋旻
⑩ 以舌代鋒遠懾强隣　七年兵戈功在南民
⑪ 聖情眷倚諭敎諄諄　曰昔劉姚勳比麒麟
⑫ 爾能屈志佑我昌辰　百里三軍嘉命可申
⑬ 師拜稽首其敢逡巡　臣老無能願垂慈仁
⑭ 祇林道場猿鳥相親　是臣本懷悃款畢陳
⑮ 翩然歸臥雉嶽嶙峋　恩獎稠疊表節之純
⑯ 毫光遽闊法運終湮　塔廟湧空玄珠示珍
⑰ 凝川報祠永綏千春　遺像在堂爽氣氳氤
⑱ 給需賜復寵章式頻　惟此一着盖飭戎衿
⑲ 非如前代渠敎是因　三師齊享共作主賓
⑳ 酬功彰烈施及無垠　我述其事刻之貞珉
㉑ 爰俾鷲子師義寔循　毋泥虛寂追師濟屯
㉒ 崇禎後再壬戌十月　日立

二。표충사적비
表忠事蹟碑

서면
西面

① 표충사적비[104]

② 유명조선국영남밀주영취산표충사사적비

③ 자헌대부이조판서겸지경연사홍문관대제학예문관대제
학지춘추관성균관사세자우빈객 이덕수[105]가 비문을 짓고

④ 대광보국숭록대부의정부좌의정겸령경연사감춘추관사
서명균[106]이 비문을 쓰고

---

104 주註 1)을 참고할 수 있다. 표충사적비表忠事蹟碑 비문碑文은 704자字로
구성되어 있다.

105 이덕수李德壽: (1673~1744) 영조 때의 문신으로 자는 인노仁老, 호는 서당西
堂이다.

106 서명균徐命均: (1680~1745) 조선시대 문인으로 자는 평보平甫, 호는 소고嘯
皐·재간在澗이다.

⑤ 통정대부[107] 이조참의지제교 조명교[108]가 전액篆額을 썼다.

① 행

표충表忠은 세속법世俗法이다. 세속법世俗法에서 나온 가
르침을 취取하여 그 사당祠堂의 이름으로 삼았으니 어찌
그 충훈忠勳이 크다고 하지 않겠는가! 또한 그 충훈忠勳이
크며 세속법世俗法에서 나온 즉 불법佛法으로서는 부족不
足하여[109] 표충表忠으로 나타내니 진실로 마땅한 일이다.
영남嶺南 밀주密州[110] 영취산靈鷲山에 서산西山·사명四溟·
기허騎虛 삼대성사三大聖師의 영정影幀과 위패位牌를[111] 봉
안奉安하고 제향祭享을 올리는 곳을 사찰寺刹이라 하지
않고 세속법世俗法을 따라 표충사당表忠祠堂이라 하니[112]

---

107 통정대부通政大夫: 정이품正二品 당상관堂上官의 품계이다.

108 조명교曹命教: (1687~1753) 조선시대 문신으로 자는 이보彝甫, 호는 담운澹
雲이다.

109 부족이유야不足以囿也: 속세俗世를 떠난 승려의 신분으로 나라의 위기危機
에 외면하지 않고 전장戰場에 뛰어든 서산西山·사명四溟·기허騎虛 세 분
성사聖師의 충의忠義는 불법佛法으로는 나타내기 어려움으로 세속법世俗
法을 따라 사당祠堂의 이름을 표충表忠으로 하였다는 말이다.

110 밀주密州: 밀양密陽의 옛 이름이다.

111 타령妥靈: 죽은 사람의 위패를 일정한 장소에 섬겨 모시는 것을 말한다.

②행

그 공훈功勳에 대한 보답報答이었다. 선조宣祖께서 보위寶
位에 있던[113] 임진(壬辰. 1592)년에 섬나라 오랑캐 도적떼
가 쳐들어와 팔도八道를 짓밟아[114] 나라가 위태로운 지경에
이른 때에 서산西山대사께서는 먹물 옷을 벗어 던지고
갑옷을 입고 의승병義僧兵을 일으켜[115] 왜적을 토벌討伐하
였으며 사명四溟대사 유정惟政이 스승을 이어 의승병義僧
兵을 일으켜 기이奇異한 공훈功勳을 여러 번 세웠고 그러는
동안에 또 다시 왜적의 도읍都邑으로 들어가 세치三寸의
혀舌로써 칼날을 대신하여 마침내 적적賊의 우두머리로 하여
금 함부로 날뛰지 못하게 하고[116] 전쟁의 포로들을[117] 소환했

---

112 표충사表忠祠: 증보문헌비고(增補文獻備考 下 各道院祠錄)에 表忠祠(英祖甲
　　子同年賜額) "本朝僧將都摠攝休靜·僧將都摠攝惟政·僧將贈同中樞靈
　　圭"란 기록이 있다. *영조 20 갑자(甲子. 1744)년

113 목릉재유穆陵在宥: 목릉穆陵은 경기도 구리시 인창동仁倉洞에 있는 조선
　　14대 왕 선조宣祖와 비妃 의인왕후懿仁王后, 그리고 계비繼妃 인목왕후仁穆
　　王后의 능릉陵을 말한다. 재유在宥는 재위在位와 같은 뜻이므로 목릉재유穆陵
　　在宥는 선조宣祖 임금께서 보위寶位에 있을 때를 말한다.

114 선조 25 임진(壬辰. 1592)년에 일본이 일으킨 전쟁 임진왜란壬辰倭亂으로
　　조선 팔도八道가 전쟁의 화禍를 입게 된 것을 말한다.

115 창의倡義: 국난國難을 당했을 때 의병義兵을 일으키는 것을 말한다.

으니[118]

③행

전후前後로 살핀 그 공훈功勳은 헤아릴 수 없다. 기허騎虛
대사 영규靈圭는[119] 전쟁터에 나가서 의義를 위해 죽는
것을 극락세계에 다다르는 것과 다름없이 보았으니 이것
은 모두 충성忠誠이 지극히 커서 사당祠堂을 세운 까닭이
다. 사명四溟대사 유정惟政의 발자취는 이 산山에서 생장生
長하여서[120] 난亂을 평정平定하고 돌아와 동쪽 산기슭에
초가草家를 지어 굴택窟宅으로 삼고 백하白霞라[121] 이름
지어 편액扁額을 걸었으며 선묘先墓가 가까우므로 나이든
노복奴僕으로[122] 하여금

---

116 발호跋扈: 권세나 세력을 제멋대로 부리며 함부로 날뛰는 것을 말한다.
117 모예髦倪: 노인과 어린아이를 아울러 이르는 말이다.
118 갑진(甲辰. 1604)년 강화사講和使로 일본에 건너가 덕천가강德川家康과
    평화조약을 맺고 전쟁 포로捕虜 남녀男女 3,500여 명을 소환한 일을 말한다.
119 기허騎虛대사: 주註 63)을 참고할 수 있다.
120 사명四溟대사의 법호法號가 송운宋雲이다. 사명四溟대사는 경남 밀양 영취
    산靈鷲山 아래 무안면 고라리에서 탄생하시고 성장하셨다.
121 백하白霞: 비석문碑石文에는 백하白霞로 되어 있으나 백하암白霞菴으로
    본다. 그러나 밀주지密州誌에는 백하난야白霞蘭若로 되어 있다. 그 외의
    자료에서는 관련 기록이 보이지 않는다.
122 창두蒼頭: 옛날 중국에서 푸른 두건頭巾으로 머리를 두른 병졸兵卒·하인下人

④ 행

이곳에서 여생餘生을 보내면서 선묘先墓를 지키도록 하고 사명四溟대사는 구름 따라 조선 땅에 있는 명승보찰名勝寶刹을 덧없이 유력遊歷하시다가 열반涅槃에 드셨다.[123] 후인後人들이 그 백하암白霞菴이 있던 자리에 표충사表忠祠를 짓고 관官에서 춘추春秋로 내리는 제수祭需로 향사享祀를 올렸으나 병자(丙子. 1636)년의 난亂[124]에 지키고 있던 승려들이 흩어지고 사당祠堂 또한 허물어지고 풀이 무성茂盛하니 숙종肅宗임금 갑오(甲午. 1714)년에 밀양부사密陽府使 김창석金昌錫이[125] 탄식歎息하며 수백년 전을 상기想起하면서 장렬壯烈했던 사명四溟대사의

등을 일컬어 한 말이다.

123 사명四溟대사께서는 光海 2 경술(庚戌. 1610)년 8월 26일 임종설법臨終說法을 마치시고 열반涅槃에 드셨다.

124 병자호란丙子胡亂: 조선 인조 14 병자(丙子. 1636)년 청나라에서 침입한 난리이다. 청나라에서 군신君臣관계를 요구하였으나 조선이 물리치자 청나라 태종이 20만 대군을 거느리고 침략하였다. 이에 인조는 삼전도에서 항복하고 신하의 예를 행하기로 한다는 굴욕적인 화약和約을 맺게 되었다.

125 김창석金昌錫: 숙종 38 임진(壬辰. 1712)년 3월에 밀양부사로 부임赴任하여 숙종 42 병신(丙申. 1716)년 4월에 퇴임하였다.

⑤ 행

그 자취가 연기처럼 사라짐을 애석哀惜하게 여겨 옛 터에
사당祠堂을 중창重創하고 장계狀啓를 갖추어 순영巡營에[126]
보고하니 감사監査[127] 조태억趙泰億이[128] 조정朝廷에 계문啓
聞하여[129] 관官에서 제수祭需를 전前과 같이 내렸다.[130] 사명
四溟대사께서 왜경倭京으로 건너갔을 때[131] 받들고 갔던
원불願佛을 오래 전에 대구大邱[132] 용연사龍淵寺에[133] 모셨

---

126 순영巡營: 감영監營이라고도 하는데 관찰사觀察使가 직무를 보던 관아官衙
를 말한다.

127 관찰사觀察使: 감사監査·방백方伯으로 불리는 지방 장관으로 고려의 안찰사
按察使·안렴사安廉使의 후신後身이다. 도내道內의 주현州縣을 순찰하고
수령守令을 규찰하는 등 군사와 행정을 지휘 통제하던 종2품의 벼슬이다.

128 조태억趙泰億: (1675~1728) 관련 자료를 찾을 수 없다.

129 계문啓聞: 관찰사觀察使나 절제사節制使가 글을 써서 임금에게 아뢰던
일을 말한다.

130 비제수畀祭需: 비문碑文에는 비제수畀祭需인데 필제수畢祭需로 되어 있는
것도 있다.

131 주註 118)을 참고할 수 있다.

132 대구大丘: 현 대구大邱의 지명이 한때는 대구大丘로 사용된 적도 있었다.

133 용연사龍淵寺: 대구시 달성군 옥포면 비슬산琵瑟山에 있는 사찰이다. 임진왜
란이 일어나자 사명四溟대사께서 경남 양산 통도사通度寺에 있던 부처님
진신사리眞身舍利를 화마火魔로부터 지키기 위해 제자 청진淸振을 시켜
용연사龍淵寺로 옮기게 하였다. 경내境內에 사리舍利 일부가 모셔져 있는

는데 특별히 표충사表忠祠의 왼쪽에 전각殿閣 한 칸을 세워 봉안奉安하였고 동서東西로 승료僧療를 지어[134]

⑥ 행

승려들을 모아 이곳에 거처居處토록 하니 범종梵鐘과 경쇠(磬)소리 아침저녁으로 끊이지 않으며 향香 연기 하늘거리며 피어오르고 푸른 하늘에 어린 남기嵐氣[135]는 남쪽 하늘에 서려 가랑비를 뿌리니 세상 밖의 뛰어난 경계이로다. 북쪽 산에 사명四溟대사의 선묘先墓가 있으니 사명四溟대사의 속성俗姓은 풍천임씨豊川任氏이고 부친 수성守成은[136] 형조판서겸지의금부사刑曹判書兼知義禁府事에 추증追贈되었고

⑦ 행

조부祖父 종원宗元은 좌승지左承旨에 추증追贈되었으며 증조부曾祖父 효곤孝崐은 좌통례左通禮에 추증追贈되었고 모친母親 달성서씨達城徐氏는 정부인貞夫人에 추증追贈됨

보물 제 539호 석조계단石造戒壇이 있다.

134 승료僧療: 승려들의 거처인 요사療舍를 말한다.

135 남기嵐氣: 저녁나절에 멀리 보이는 산에 떠오르는 푸르스름하고 흐릿한 기운을 말한다.

136 수성守成: 주註 44)를 참고할 수 있다.

으로써 삼대三代가 아울러 증직追職되었으며 교지敎旨는
모두 사당祠堂에 보장保藏하고 있다.[137] 금상今上 무오(戊
午. 1738)년[138] 봄에 사명四溟대사[139]의 법손法孫이신 태허
남붕太虛南鵬스님께서 사명四溟대사의 행적行蹟이 미미微
微하고 두루 성盛하지 못함을 애석哀惜하게 여겨 진신搢紳
제공諸公에게[140] 알림으로써 상국相國[141]이신 김공(金公在
魯)[142] 송공(宋公寅明)[143] 조공(趙公顯命)[144]께서 모두
⑧ 행

단지 제수祭需를 공급하는 것만으로는 공훈功勳에 대한
보답과 세상에 권장勸獎하는 것이 못 된다 하여 드디어

---

137 교지敎旨 모두는 현재 표충사表忠寺 박물관에 보장保藏되어 있다.

138 금상무오今上戊午: 금상今上은 지금의 임금이란 뜻으로 글을 쓰던 당시의
영조英祖임금을 말한다. 무오戊午는 영조 14년, 곧 1738년이다.

139 주註 120)을 참고할 수 있다.

140 진신제공搢紳諸公: 여러 벼슬아치를 말한다.

141 상국相國: 영의정領議政·좌의정左議政·우의정右議政의 총칭總稱이다.

142 김재로金在魯: (1682~1759) 조선 영조 때 영의정領議政으로 자는 중례仲禮,
호는 청사淸沙이다.

143 송인명宋寅明: (1689~1746) 조선 영조 때 우의정右議政으로 자는 성빈聖賓,
호는 장밀헌藏密軒이다.

144 조현명趙顯命: (1690~1752) 조선 영조 때 좌의정左議政으로 자는 치회稚晦,
호는 귀록歸鹿이다.

임금에게 장계狀啓를 올리니 복호復戶 오결五結을[145] 특별
히 내리고[146] 또 경상도慶尙道에 명命하여 사우祠宇를 중수
重修하게 하였다. 설송연초雪松演初스님 취안翠眼스님 최
심最心스님 상현尙玄스님 등이 실제 그 일을 주로 맡고
태허남붕太虛南鵬스님이 총람總攬하였다. 또 경산慶山에
서 비석碑石 돌을 채석採石케 하고 도감都監이신 초윤楚玧
스님으로 하여금 그 일을 감독하게 하였으며[147] 나(李德壽)
에게 장차 그 일이 오래도록 전해지도록 비문碑文을 지어
달라고 청請하였다.

⑨ 행

무릇 표충사당表忠祠堂에는 비록 삼대성사三大聖師를 함
께 배향配享하였으나 처음에는 사명四溟대사만을 위하여
지어졌으므로 사명四溟대사를 특별히 상세하게 일러 기록

---

145 주註 68)을 참고할 수 있다.
146 영조 14 무오(戊午. 1738)년의 일이다.
147 영조 14 무오(戊午. 1738)년 표충사表忠祠를 복원할 때 태허남붕太虛南鵬스
님의 주관主管으로 설송연초雪松演初스님과 취안翠眼스님과 최심最心스
님, 그리고 상현尙玄스님이 분야별로 소임所任을 맡았고 특히 초윤楚玧스
님은 비석도감碑石都監을 맡아 비석碑石 돌에 관한 모든 일을 맡았다.
자세한 내용은 홍제사弘濟寺 송운宋雲대사 영당비影堂碑 동면東面 불사주
역인명佛事主役人名을 참고할 수 있다.

하였다.

⑩ 숭정기원崇禎紀元 후 두 번째 임술壬戌 10월 일에 세
우다.[148]

---

148 영조 18 임술(壬戌. 1742)년 10월 이덕수李德壽가 비문碑文을 지었다. 이덕수
李德壽는 (1673~1744) 영조 때의 문신으로 자는 인로仁老, 호는 서당西堂
이다.

二. 表忠事蹟碑(西面)

① (篆額): 表忠事蹟碑

② (題號): 有明朝鮮國嶺南密州靈鷲山表忠祠事蹟碑

③ (撰者): 資憲大夫吏曹判書兼知經筵事弘文館大提
學藝文館大提學知春秋館成均館事世子右賓客 李德
壽 撰

④ (書者): 大匡輔國崇祿大夫議政府左議政兼領經筵
事監春秋館事 徐命均 書

⑤ (篆者): 通政大夫吏曹叅議知製敎 曹命敎 篆

① 行

表忠世法也而學出世法者取以名其祠焉奚大其忠也
大其忠則出世法不足以圍也而其表之也固冝嶺南密

州之靈鷲山有西山松雲騎虛三大師妥靈之所不寺而
祠遵世法而

② 行

報其功也穆陵在宥之壬辰島夷傾國入寇八路剪焉傾
覆于時西山捨緇而甲倡義討賊松雲繼師義旅屢立奇
勳旣又再入倭京以寸舌替鋩刃卒使狡酋戰其跋扈刷
還髦倪前

③ 行

後不億騎虛臨陣殉義視死不啻如赴極樂界此皆忠之
大而祠之所以設也松雲發跡於是山生而長而亂靖而
歸就東麓縛數椽屋以爲棲息之地揭名白霞取其密邇
先壟使老蒼

④ 行

頭終生末生守之而師則雲遊國中諸勝而終後人因其
菴作表忠祠官給春秋祭需及經丙子之亂守僧散而祠
亦鞠爲茂草肅廟甲午金侯昌錫慨然興想於數百年之
前壯師之

⑤ 行

爲而惜其跡之湮沒就舊址復創祠具狀報巡營按使趙

公泰億啓聞于朝官畀祭需如前大師入倭京時所奉願
佛舊在大丘龍淵寺特建一殿於祠之左而奉安又創東
西僧寮募

⑥行

僧居之於是鍾磬之聲不絶於晨昏而香煙之裊娜者與
杳靄嵐翠空濛於南天居然爲方外之勝境矣山之北有
師先壟師俗姓任氏父守成贈刑曹判書兼知義禁府事
祖

⑦行

贈左承旨曾祖贈左通禮母徐氏以上幷有從贈三世敎
旨皆藏祠中今上戊午春松雲法孫曰南鵬悼師之跡微
而不章遍以告於搢紳諸公於是相國若金公若宋公若
趙公咸

⑧行

以爲只給祭需非所以報功勵世遂啓前席特給復戶五
結又命本道重修祠宇僧演初翠眼最心尚玄等實幹其
事而南鵬摠焉鵬又伐石慶山使僧楚玩董其役而乞文
於余將以

⑨行

備載其事夫祠雖幷亨三師而其初爲松雲作也故於松
雲特詳云

⑩崇禎紀元後再壬戌十月日立

三. 서산대사비명
西山大師碑銘
북면
北面

① 서산대사비명

② 유명조선국사국일자도대선사선교도총섭부종수교보제
등계존자서산청허당휴정대사비명 병서

③ 가선대부호조참판 이우신[149]이 비명을 짓고

④ 가선대부사헌부대사헌 윤득화[150]가 비명을 쓰고

⑤ 통정대부이조참의지제교 조명교[151]가 전액篆額을 썼다.

---

149 이우신李雨臣: (1670~1744) 조선후기 문신으로 자는 백열伯說, 호는 십탄十
灘이다.

150 윤득화尹得和: (1688~1759) 조선후기 문신으로 자는 덕휘德輝이다.

151 조명교曺命敎: (1687~1753) 조선후기 문신으로 자는 이보彛甫, 호는 담운澹
雲이다.

56

① 행

상고하건댄[152] 만력萬曆 임진(壬辰. 1592)년에[153] 섬나라
오랑캐가[154] 우리나라에 침범侵犯하자 선조宣祖임금은 서
쪽 의주로 몽진蒙塵하니[155] 서산西山대사 휴정休靜이 그의
법제자 사명四溟대사 유정惟政 등을 거느리고 창의倡義하
여[156] 의승병義僧兵을 모아서 중흥中興의 큰 공훈功勳을
세웠으므로[157] 선조宣祖임금께서 그 공훈功勳을 가상嘉尙
히 여겨 영남嶺南의 밀양密陽에 표충사表忠祠를 세우고
아울러 서산西山대사 휴정休靜과 사명四溟대사 유정惟政
을 함께 향사享祀하도록 명명命하였으니[158] 이것은 충忠을
기리고 의義를 권면勸勉하기 위한 것이었다. 영조英祖임

152 월재粤在: 세재歲在와 같은 말이다.
153 만력임진萬曆壬辰: 만력萬曆은 명明나라 신종神宗 때의 연호이며 임진壬辰은
　　조선 선조宣祖 25년(1592)이다.
154 주註 114)를 참고할 수 있다.
155 선묘서행宣廟西幸: 임진왜란壬辰倭亂이 일어나자 선조宣祖임금이 서쪽 의주
　　로 피난을 갔다는 말이다.
156 창의倡義: 주註 115)를 참고할 수 있다.
157 수중흥대공樹中興大功: 혼란한 나라를 다시 중흥中興시킨 큰 공적功蹟을
　　말한다.
158 표충사表忠祠는 서산西山대사·사명四溟대사·기허騎虛대사의 삼대성사三
　　大聖師를 향사享祀한다. 주註 64)와 112)를 참고할 수 있다.

금[159] 14년 무오(戊午. 1738)년에[160]

② 행

상신相臣의[161] 청請으로써 복호復戶를 내려[162] 수호守護하
도록 명命하여 서산西山대사의 법손法孫이신 태허남붕太
虛南鵬스님께서[163] 밀양密陽의 영취산靈鷲山 삼강동三綱洞
에 표충사表忠祠를 개창改創하고 삼대성사三大聖師의[164]
영정影幀을 봉안奉安하고 그 당호堂號를 홍제弘濟라 이름
하였다. 그리고 태허남붕太虛南鵬스님은 천리千里나 되는
길을 걸어서 서울에 올라와 나(李雨臣)를 찾아와서 비문碑
文을[165] 청請하면서 말하기를 "저의 법조法祖이신 서산西山

---

159 당저當宁: 바로 그 당시의 임금·지금의 임금을 뜻하는 것이니 이 비碑가
   세워질 당시의 임금인 제21대 영조英祖임금을 말한다. 주註 66)을 참고할
   수 있다.
160 영조英祖 14년은 무오戊午년으로 1738년이다.
161 상신相臣: 영의정領議政·좌의정左議政·우의정右議政의 총칭總稱으로 상국
   相國과 같은 뜻이다.
162 주註 67)과 68)을 참고할 수 있다.
163 태허남붕太虛南鵬: 서산四溟대사의 6대 법손法孫으로 표충사表忠祠의 복원
   과 비석碑石 건립을 주관主管하셨다.
164 이사二師: 이사二師는 서산西山대사와 사명四溟대사이다. 하지만 여러 자료
   에 의거하여 본다면 삼사三師가 맞다. 주註 64)와 112)를 참고할 수 있다.
165 촉문屬文: 비문碑文을 지어주기를 부탁付託하였다는 말이다.

대사의 비문碑文은 문충공文忠公 월사月沙선생의[166] 글(文)
이다.

③ 행

그 이후 서산西山대사의 법맥法脈 4대代의 비문碑文을 모두
월사공月沙公의 문손門孫들이 지어서 그것이 금강산 백화
암白和菴에 나란히 세워져 있으니[167] 유교儒敎와 불교佛敎
의 상생相生함이 4대代에 이르렀다는 것은 고금古今에도
없는 바로써 공(李雨臣公)께서는 이에 문충공文忠公의 적

---

166 문충공文忠公: (1564~1635) 조선 인조仁祖 때의 대신大臣 이정구李廷龜의
시호諡號이다. 자는 성징聖澄 호는 월사月沙이다. 금강산 만폭동萬瀑洞에
있는 사찰 표훈사表訓寺에 서산西山대사가 세운 백화암白華菴이 있다.
본 비문碑文에는 백화암百和菴으로 되어 있으나 백화암白華菴으로 본다.
이곳에 세워져 있는 청허당淸虛堂 휴정休靜대사의 비문碑文을 문충공文忠
公 이정구李廷龜가 지었다.

167 서산西山대사 법손法孫 4대代의 비문碑文 찬자撰者가 모두 문충공文忠公의
적손嫡孫이다. 청허당淸虛堂 휴정休靜대사의 비문碑文은 문충공文忠公이
편양당鞭羊堂 언기彦機대사의 비문碑文은 문충공文忠公의 자子 이명한(李
明漢, 1595~1645)이 허백당虛白堂 명조明照대사의 비문碑文은 왕족王族 이유
간李惟侃의 자子 이경석(李景奭, 1595~1671)이 풍담당楓潭堂 의심義諶대사
의 비문碑文은 문충공文忠公의 손자孫子이며 이명한李明漢의 자子인 이단
상(李端相, 1628~1669)이 지었다. 이 4기基의 비碑가 금강산 표훈사 백화암
에 나란히 세워져 있다는 말이다.

손적손嫡孫이오니 이제 장차 서산西山대사의 영당影堂에 비석
碑石을 세우고 서산西山대사의 높고 큰 공적功蹟을 기록하
고자 공(李雨臣公)에게 청청請請하러 온 뜻은 우연偶然한 일이
아니니

④ 행

공(李雨臣公)께서 이에 비문碑文 짓는 것을 어찌 사양辭讓
할 수 있겠습니까?" 아! 오호라[168] "내(李兩臣)가 일찍이
서산西山대사께서[169] 남기신 글(文)을 읽어보고 서산西山
대사께서는 선문禪門 중에서도 기걸奇傑한[170] 인물이고 서
산西山대사의 글(文)은 지금까지 혁혁赫赫하거늘[171] 사람
들의 이목耳目을 비추어 오래 갈수록 더욱 빛나 영원히
변하거나 없어지지 않을 대사大師이신데[172] 어찌 나(李雨
臣)의 말을 기다릴 것입니까? 그러나 태허남붕太虛南鵬스

---

168 어희於戲: 글에 쓰여 감탄하거나 탄미할 때 '아!'의 뜻으로 내는 소리를
    말한다.

169 선생先生: 서산西山대사를 말한다.

170 기걸奇傑: 모습이나 행동이 기이하거나 뛰어난 사람을 일컫는 말이다.

171 혁혁赫赫: 빛나는 모양을 뜻한다.

172 불후不朽: 썩지 않는다는 뜻으로 영원토록 변하거나 없어지지 않음을
    비유적으로 이르는 말이다.

님의 말을 가만히 들으니 나(李雨臣)의 마음에 감탄感歎하는 바가 있어 나(李雨臣)는 참망僭妄함을[173] 헤아리지 않고 붓을 잡아 먹물을 적셔[174] 비문碑文을 지어 이르기를

⑤ 행

서산西山대사의 법명法名은 휴정休靜이며 자字는 현응玄應이고 법호法號는 청허淸虛 또는 서산西山이라 칭稱하였으며 속성俗姓은 완산최씨完山崔氏이며 속명俗名은 여신汝信이고 외조부는 현윤縣尹 벼슬을 하셨던 김우金禹이시고 부친은 세창世昌이시니 기자전箕子殿의 참봉參奉이었으며[175] 모친은 한남김씨漢南金氏로 특이한 태몽胎夢을 꾼 다음 경진(庚辰. 1520)년 3월에 서산西山대사를 낳으셨다.[176] 세살이 되던 해 초파일 저녁에 한 노승老僧이 와서

---

173 참망僭妄: 분수에 넘치고 외람되다는 말이다.

174 자필泚筆: 붓을 먹물에 적신다는 말로, 곧 집필執筆한다는 뜻이다.

175 기자전箕子殿: 중국 은殷나라 유민遺民으로 주周나라 무왕 때 동쪽으로 이동하여 기자조선箕子朝鮮을 건국한 것으로 알려진 기자箕子의 위패를 모신 사당祠堂으로 고려 숙종 7 임오(壬午. 1102)년 건립하였으며 평양 을밀대 아래 기자묘箕子墓 앞에 있다. 참봉參奉은 조선시대 각 능陵을 비롯한 여러 관아官衙에 소속된 종9품從九品의 벼슬이므로 서산西山대사의 부친은 기자묘箕子墓에 소속된 관원官員이었던 것이다.

176 서산西山대사의 어머니께서 한 노파가 나타나 대장부를 잉태하였으니

아이의 이마를 어루만지면서 "이 아이의 이름은 운학雲鶴

이라 하여라."라고 이르고 이에 홀연히

⑥행

보이지 않았다. 어려서 여러 아이들과 더불어 놀 때에는

언제나 부처님 섬기는 놀이를 하였고 장성해서는 풍골風骨

이 특이하게 수승秀勝하였다. 부용영관芙蓉靈觀대사로부

터 경전經典을 수학하고[177] 선법禪法의 참뜻을 문득 깨달았

고 숭인장로崇仁長老를 양육사養育師로 축발祝髮 득도得度

하였으며[178] 30세(壬子. 1552)에 선과禪科에 급제及第하였

고 대선大選을 거쳐 선교양종판사禪教兩宗判事에까지 이

르렀으나[179] 얼마 후 그 관인官印과 인수印綬를 던져버리고

축하 인사를 드리러 왔다는 말을 하는 기이한 꿈을 꾼 것을 말한다.
조선 중종 15 경진(庚辰. 1520)년 3월 16일 서산西山대사께서 평안도 안주安
州에서 탄생하셨다.

177 영각靈覺: 비문碑文에는 영각靈覺이나 영관靈觀의 오기誤記로 본다. 부용영
　　관芙蓉靈觀선사는 서산西山대사의 전법사傳法師로 법맥法脈이며 스승이
　　시다.

178 서산西山대사는 숭인장로崇仁長老를 양육사養育師로 부용영관芙蓉靈觀선사
　　를 전법사傳法師로 경성일선敬聖一禪선사를 수계사授戒師로 하여 삼대사三
　　大師를 삼았다.

179 조선시대 법계法階 가운데 하나로 승과시僧科試에 합격한 사람이 처음

금강산으로 들어가 삼몽사三夢詞를 지어 이르기를

주인主人의 꿈을 객客에게 말하고

객客의 꿈을 주인主人에게 말함이로다.

⑦ 행

지금 두 꿈을 말하는 객客은

역시 꿈속의 사람이로다.

또 향로봉香爐峯에 올라 게송偈頌을 지어 읊기를

만국의 도성은 개미굴과 같고

천가의 호걸들은 하루살이 같음이로다.

창에 비친 밝은 달은 청허의 베개

한없이 불어오는 솔바람은 운韻이 고르지 않음이로다.

그 게송에 나온 것을 보면 가히 그 빛을 감추고 그림자를 숨기고[180] 선종禪宗의 선지禪旨가 오묘함을 터득했다고 할 만하다. 기축(己丑. 1589)의 옥사獄事 때 요승妖僧 무업無業의 무고誣告로

받던 법계法階인 대선大選부터 선종禪宗과 교종敎宗, 곧 양종兩宗의 최고직에까지 올랐다는 것이다.

180 도광익영韜光匿影: 명예를 감추고 은둔하여 수행에만 전념하였다는 뜻이다.

⑧ 행

투옥되었으나 진술陳述하는 말이 명백하고 적절하니 선조
宣祖임금께서 즉시 석방釋放을 명命하고[181] 서산西山대사
의 시고詩稿를 가져오도록 하여 보시고는 친히 묵죽墨竹을
그려 하사下賜하면서 시詩 한 수 짓기를 명命하였으므로
곧 절구絶句를 지어 받쳤다.[182] 선조宣祖임금께서 또 친히
쓰신 시詩 한 수를 하사下賜하시고[183] 후한 상賞을 내리면서
산山으로 돌아가도록 허락하셨다. 임진왜란(壬辰倭亂.
1592)이 일어나자 서산西山대사께서는 장검仗劍을 들고
행재소行在所로 달려가니 선조宣祖임금께서 전교傳教하

---

181 기축옥사己丑獄事: 선조 22 기축(己丑. 1589)년 정여립鄭汝立의 모반謀反사건
에 연루되어 투옥되었다가 선조宣祖임금의 직접 신문訊問에 의해 무죄無罪
가 입증되어 석방되었던 일을 말한다.

182 서산西山대사께서 선조宣祖임금에게 받친 시詩는, 소상일지죽瀟湘一枝竹
소상의 한 가지 대나무는 / 성주필두생聖主筆頭生 성주의 붓끝에서 나옴이
로다 / 산승향연처山僧香爇處 산승이 향을 태우는 곳에 / 엽엽대추성葉葉帶
秋聲 잎사귀마다 가을 소리가 들림이로다 / 이다.

183 선조宣祖임금께서는 어화묵죽御畫墨竹과 함께 절구한수絶句一首도 하사下
賜하셨는데 그 시詩는, 엽자호단출葉自毫端出 잎사귀는 붓끝으로부터 나왔
는데 / 근비지면생根非地面生 뿌리는 땅에서 나온 것이 아님이로다 / 월래무
견영月來無見影 달이 나와도 그림자는 볼 수가 없고 / 풍동부문성風動不聞聲
바람에 움직여도 소리는 들리지 않음이로다 / 이다.

며 말씀하시기를 "세상의 난리가 이에 이르렀으니 대사大
師께서 널리 구제하지 않겠는가?"[184] 하시니 서산西山대사
께서 눈물을 흘리며

⑨ 행

예배禮拜를 드리고 명命을 받들고 아뢰기를 "신臣이 승려
들을 규합糾合하고 통솔統率하여 함께 군전軍前에 나아
가[185] 충정忠情을 다하겠습니다." 하니 선조宣祖임금께서
는 팔로십육도총섭八路十六都摠攝으로 명命하였다.[186] 서
산西山대사께서 전국 사찰에 격문檄文을 돌려 선포하니
법제자인 사명四溟대사 유정惟政은 七백여 명의 의승병義

---

184 부행재선묘왈세난지차이위출력홍제야赴行在宣廟曰世難至此爾爲出力弘濟
   耶: 행재行在는 행재소行在所를 뜻하는 것으로 임금이 궁宮을 떠나 멀리
   거동擧動할 때 머무르던 임시 거처를 말한다. 임진왜란壬辰倭亂이 일어나
   자 선조宣祖임금은 도성都城 한양漢陽을 떠나 개성開城-평양平壤-의주義州
   까지 몽진蒙塵하면서 가는 곳 마다 행재소行在所를 마련하였다. 이때 묘향
   산妙香山에 머무르던 서산西山대사를 불러 국난國難의 구제救濟 방법을
   의논하였는데 그 사실을 일컬어 하는 말이다.

185 부군전赴軍前: 전투에 나아가 적賊의 군대와 맞붙어 싸우겠다는 말이다.

186 서산西山대사께서 선조宣祖임금으로부터 받은 직책의 정확한 명칭은 팔도
   십육종선교도총섭八道十六宗禪教都摠攝이다. 팔로八路는 경상도 전라도
   충청도 강원도 경기도 황해도 평안도 함경도의 팔도八道이다.

僧兵을 거느리고 관동關東에서 일어났고 뇌묵雷默대사 처영處英은 一천여 명을 거느리고 호남湖南에서 일어났으며 서산西山대사는 문도門徒 및 의승병義僧兵 一천五백여 명을 직접 거느리고 순안順安 법흥사法興寺에 모여 명明나라 군사와 더불어[187] 혹은

⑩ 행

앞에서 혹은 뒤에서 성원하면서 함께 힘을 모아 모란봉牧丹峯으로 진격하여 왜적을 참획斬獲한 것이 매우 많았고 명明나라 군사가 승리한 틈을 타서 공격하니 왜적은 드디어 성城을 비우고 어둠을 틈타 달아났다.[188] 서산西山대사께서는 이에 난가鑾駕를[189] 맞이하여 환도還都하니 도독都督 이여송李如松이[190] 서찰을 보내 경의敬意를 표하여 말하기를 "나라를 위하여 적적賊을 토벌하니 애국의 충정忠情이

187 천병天兵: 임진왜란壬辰倭亂이 일어나자 명明나라 천자天子 신종神宗이 보내온 원군援軍이다.

188 목단봉牧丹峯: 평양 북부에 있는 작은 산山으로 그 모양이 목단꽃과 닮았다 하여 목단봉이라 하였다. 모란봉이라 부르기도 한다. 임진왜란壬辰倭亂 당시 격전지激戰地로 유명하다.

189 난가鑾駕: 임금이 거동擧動할 때 타고 다니던 가마이다.

190 이여송李如松: (1549~1598) 명明나라 원병援兵의 도독都督이다.

해日를 꿰뚫었으니 경앙敬仰함을 이기지 못하나이다." 하고 또 시詩를 지어 보내니 동정東征에[191] 참여한 모든 장수들이 흠모하고 칭찬함을 아끼지 않았다. 이에 서산西山대사께서 임금에게 청請하여

⑪행

아뢰기를 "신臣은 늙어서 맡은 일을 감당勘當하기가 부족하오니 군사軍事의 일은[192] 사명四溟대사 유정惟政과 뇌묵雷默대사 처영處英에게 잇게 하고 곧 옛 터로 돌아가서[193] 본분本分을 지키는 것이 신臣의 소원이옵니다." 하니 선조宣祖임금께서는 그 뜻을 가상嘉尚하게 여겨 허락하시고 이에 호號를 내려 이르기를 "국일도대선사선교도총섭부종수교보제등계존자國一都大禪師禪教都摠攝扶宗樹教普濟登階尊者"라 하셨다. 갑진년甲辰年[194] 정월에 묘향산 원적암

191 동정東征: 동쪽의 적倭賊을 정벌征伐했다는 뜻이다. 본 비석문에는 지之 자字와 제諸 자字 사이에 동정東征의 두 자字가 있지만 혹 두 자字가 빠진 곳도 있다.

192 군여軍旅: 고려나 조선시대의 군軍 편제編制의 하나로 일여一旅는 125인人이다.

193 서산西山대사께서 임진왜란壬辰倭亂이 일어나기 전 주석住錫하셨던 묘향산妙香山 원적암圓寂庵을 말한다.

194 서산西山대사께서 제자들을 묘향산 보현사普賢寺 원적암圓寂庵으로 불렀던

圓寂庵에 제자들을 모이게 하고

⑫ 행

도량道場을 열어 불법佛法을 설설說說하시고[195] 자신의 영정影幀에

"팔십년전거시아八十年前渠是我

八十년 전 그대가 나이더니

팔십년후아시거八十年後我是渠

八十년 후 내가 그대이로다."

라고 쓰시고 홀연히[196] 앉아서 종사열반宗師涅槃에 드시니
세수世壽는 85세며 법랍法臘은 65세였고 특이特異한 향기
가 방안에 가득하였다. 저술한 문고文稿는 세상에 널리
유행流行하고 있다. 서산西山대사의 사람됨은[197] 법안法顏
이 괴오魁梧하고[198] 지혜智慧가 총오聰悟[199]하였으며 집에

때는 선조 37 갑진(甲辰. 1604)년 1월 23일이다.

195 설담법說曇法: 담법曇法은 불법佛法으로 법회도량法會道場을 개설하여 임종
    설법臨終說法을 하였다는 말이다.

196 소연儵然: 모든 일에 구애받지 않는다는 초연超然의 뜻이다. 비문에는
    소儵 자字인데 혹 수修 자字로 된 곳도 있다.

197 사위인師爲人: 선천적先天的으로 타고난 자질資質을 말한다.

198 괴오魁梧: 괴오기위魁梧奇偉의 줄인 말로 몸이 극히 장대長大하여 뛰어나
    게 잘남을 나타내는 말이다.

있을 때에는 부모에 대한 효성孝誠이 지극하였고 입산入山
하신 후에는 청정淸淨하게

⑬행

불법佛法을 수호守護하였으며 선조宣祖임금에게 충성忠
誠하였고 나라를 보위保衛하려는 충의忠義도 또한 천성天
性에 근원根源하였다. 환난患難을 만나 몸이 구속된 중에
는[200] 능히 주지主知로 맺고 국난國難을 당해서는 의승병義
僧兵을 모아 창기倡起하여 관군官軍을 도와 삼경三京을[201]
수복하여 요악妖惡스러운 기운을 없애 편안하게 하고[202]
바로 곧 직인職印을 반납하고 표연飄然히 한 납자衲子가
되어 옛 절로[203] 돌아와 몸은 구름과 같이 자유롭게 마음은

---

199 총오聰悟: 사물四物에 대한 이해가 빠르고 영리하다는 말이다.

200 능결주지어누설지중能結主知於縲紲之中: 주지主知는 감성보다 지성知性
을 주로 하는 것이라는 뜻이고 누설縲紲은 나라에 대한 죄를 짓고 아직
풀리지 않은 상태로 있는 것을 말한다. 이것은 기축옥사己丑獄事에 연루되
어 투옥되었던 것을 선조宣祖임금의 직접 신문訊問으로 풀려나게 된 것뿐
만 아니라 임금과 시詩를 주고받았으며 후한 상賞까지 받았던 사실을
말한다.

201 삼경三京: 서경(西京. 평양), 개경(開京. 개성), 경성(京城. 한성)을 말한다.

202 분침재정氛祲載靖: 분침氛祲, 곧 요악스러운 기운을 걷어내고 편안하게
했다는 말이다.

달과 같이 밝게 금사정계金沙淨界를 다시 비추니[204] 탁월卓
越한 영풍英風으로

⑭ 행

퇴폐한 풍속風俗에 일침一鍼을 가하기 족足함이 있었고[205]
유약柔弱하고 완고頑固한 사람을 일으켜 세웠으니 오고
갔던 여러 서첩書牒들을 구求하여 보니 훌륭하기가 더불어
비교할 바가 없었다. 명明나라의 요광효姚廣孝와[206] 원元나
라 유병충劉秉忠은[207] 이름은 비록 의승義僧이나 뜻은 공리
功利에 있었고 마음의 자취는 밝지 않았으니 또한 어찌
족足히 논論하겠는가! 오호嗚呼라! 지금 세상의 승려들은
들으니 기이하고 뛰어난 재주를 가지고 이교異敎에 빠져
기꺼이 자신自身을 허무적멸虛無寂滅 속에 빠뜨리는

---

203 주註 193)을 참고할 수 있다.

204 금사정계金沙淨界: 사찰의 도량道場이다. 나라와 백성을 위해 잠시 접었던
   출가出家 승려의 본분을 되찾아 몸은 구름과 같이 자유롭게 마음은 달빛과
   같이 밝게 원적암圓寂庵 도량道場을 비추었다는 말이다.

205 비문에는 폄砭 자字인데 혹 비疕 자字로 된 곳도 있다.

206 요광효姚廣孝: 주註 30)을 참고할 수 있다.

207 유병충劉秉忠: 주註 29)를 참고할 수 있다. 유병충劉秉忠은 원元나라 사람이
   다. 그러므로 비문의 제齊는 원元이어야 한다.

⑮ 행

자者 무릇 몇 사람이던가? 진실로 능히 종묘사직宗廟社稷
이 위태로움을 당했을 때[208] 그 불법佛法에 얽매이지 않고
스스로 대의大義에 힘을 다하여 탁월한 공훈功勳을 세운
바가 서산西山대사와 같다면 곧 나라(國)를 보우保佑하는
데 있어서 장차 그 여하如何를 가지고 또 가히 이교異教라고
해서 그것을 적다고 하겠는가![209] 서산西山대사께서 입적
入寂하신 지 지금까지 수백 년에 이르렀는데도[210] 조정朝廷
에서 특별히 안팎으로 베푸는 은전恩典은 역시

⑯ 행

풍성風聲을 세움으로써 사람의 마음을 격려激勵하려는
것이다.[211] 태허남붕太虛南鵬스님께서도 힘써 따라야 하지
않겠는가! 서산西山대사의 문장文章에 대한 조예造詣와

---

208 급업岌嶪: 위태危殆롭게 높고 험險함을 나타내는 말로써 나라가 위급한
　　지경에 이르렀을 때를 말한다.

209 비문에는 가可 자字이나 혹 하何 자字로 표기된 곳도 있다.

210 서산西山대사께서는 선조 37 갑진(甲辰. 1604)년에 입적入寂하셨고 표충사
　　비表忠祠碑는 영조 18 임술(壬戌. 1742)년에 세워졌으니 그 간극間隙은
　　138년이다.

211 서산西山대사의 도풍道風과 충의忠義에 대한 명망名望의 소리를 높여 백성
　　들로 하여금 본받도록 격려激勵하기 위함이라는 말이다.

의발衣鉢을 전해 준 법맥法脈에 대해서는 문충공文忠公[212]
께서 찬撰한 비문碑文 속에 상세하게 실려 있으므로[213]
다만 나(李雨臣)는 서산西山대사의 생졸출처生卒出處의
시종始終과 창의倡義하여 국난國難을 평정平定한 전말顚末
만을 아래와 같이 명銘하여 이른다.

① 바위와 계천溪川의 정기精氣를 받아[214]

　이인異人이 태어남이로다.[215]

　신비한 노파老婆가 꿈(夢)에 고告하였고

　신옹神翁은 운학雲鶴이라 이름지었음이로다.

② 비록 어머니의 태중胎中이었지만

　성품性品은 곧 부처의 꽃다움이로다.

　신비롭고 수승하여 기상氣象은 맑고

　수골髓骨이 푸르고 청정淸淨함이로다.

---

212 주註 166)을 참고할 수 있다.

213 주註 167)을 참고할 수 있다.

214 암독육정嚴瀆毓精: 바위와 계천의 정기精氣를 받는 것을 말한다.

215 이인정형異人挺形: 비범非凡한 인물은 산천山川의 정기精氣를 받고 태어난
　다는 뜻이니 위대하신 서산西山대사께서도 이와 같이 태어나셨음을 말하
　는 것이다.

③금총金鏦은 빛을 발發하고

옥불玉拂은[216] 신령神靈을 알림이로다.

도道는 나라那羅를[217] 깨닫고

이理는 생사生死의 이치理致에 감응感應함이로다.

④드디어 법석法席에 오르니

마니주摩尼珠가[218] 맑게 비침이로다.

졸지猝地간에 나라의 죄인 되니[219]

시詩가 왕궁王宮에 통通함이로다.

⑤성은聖恩이 융성隆盛한 어화御畵는

영광榮光이 천년토록 빛날 것이로다.

입으로는 부처님 말씀 외우고

뜻은 규경葵傾에 있음이로다.[220]

---

216 불자拂子: 짐승의 꼬리털 또는 삼杉 따위를 묶어서 자루에 맨 것으로 선종禪宗의 승려가 번뇌와 어리석음을 물리치는 표시로 지니고 다니는 것이다.

217 나라那羅: 역력의 뜻이다. 서산西山대사께서 자유자재한 법력法力을 얻었다는 말이다.

218 마니摩尼: 보주寶珠를 일상적으로 이르는 말이다. 재난을 없애 주고 더러운 물을 깨끗하게 하며 몸을 변하게 하는 등의 덕德이 있다.

219 주註 181)을 참고할 수 있다.

220 규경葵傾: 규곽경양葵藿傾陽 규경葵傾, 곧 해바라기가 해를 따라 기우는

⑥ 나라에 전쟁이 일어나니[221]

먼저 창의倡義의 소리를 울렸음이로다.

단壇에 올라서 맹서盟誓를 하니

의승병義僧兵은 구름같이 모였음이로다.

⑦ 명明나라 원군援軍을 도와[222]

더럽고 추악한 왜적을 쓸어버림이로다.

북을 울리며 임금수레(鑾駕)를 맞이하여

다시 우리 왕도王道로 모셨음이로다.

⑧ 충의忠義가 태양같이 빛나니

화이華夷가[223] 모두 경탄驚歎함이로다.

공功을 이루고 인수印綬를 바치니

석장錫杖을 휘날리며 산문山門으로 돌아옴이로다.[224]

⑨ 불법佛法은[225] 발우鉢盂에서 나오고

것과 같이 백성들이 임금의 덕德을 우러러 사모思慕한다는 말이다.

221 체국둔보逮國屯步: 나라에 전쟁이 일어나 군대軍隊가 주둔하는 것을 말한다.

222 천과天戈: 주註 187)을 참고할 수 있다.

223 화이華夷: 중국과 그 밖의 오랑캐라는 뜻이니 명明나라와 일본日本을 가리킨다.

224 운경雲扃: 깊은 산속의 승방僧房을 말하는데 구름이 덮어 문짝을 이룬다는 의미가 담겨 있다.

225 담운曇雲: 불법佛法이라는 말이다.

법월法月은 정병淨瓶 속에 있음이로다.

삼몽사三夢詞 옛 법어法語가[226]

정녕叮寧 오묘한 새김이로다.

⑩ 인간의 영예榮譽와 치욕恥辱은

모두 몽환夢幻임을 깨달음이로다.

사리舍利와 영골靈骨은[227]

우뚝 솟은[228] 보탑寶塔 속에 모심이로다.

⑪ 태고太古의 법맥法脈은[229]

광명光明이 멸滅하지 않음이로다.

영취산靈鷲山에 사당祠堂을 세워

충성忠誠스러운 굳은 절개節槪 드러내어 알림이로다.

⑫ 삼대성사三大聖師를 함께 제향祭享올리니[230]

---

226 삼몽사三夢詞: 서산西山대사께서 지으신 오언절구五言絶句의 게송이다.
주인몽설객主人夢說客 주인主人의 꿈을 객客에게 말하고 / 객몽설주인客夢說
主人 객客의 꿈을 주인主人에게 말함이로다 / 금설이몽객今說二夢客 지금
두 꿈을 말하는 객客 / 역시몽중인亦是夢中人 역시 꿈속의 사람이로다.

227 사주舍珠: 영주靈珠 곧 신령神靈스러운 구슬, 사리舍利를 말한다.

228 쟁영崢嶸: 한껏 높은 모양을 나타내는 말이다.

229 태고법파太古法派: 고려 말의 태고보우(太古普愚, 1301~1382)선사는 원元나
라 임제종의 고승高僧이었던 석옥청공(石屋淸珙, 1272~1352)선사의 법법을
이었다.

스승과 제자를 함께 향사享祀함이로다.

공훈功勳은 비석碑石에 새기고[231]

도道는 용당龍堂에[232] 간직함이로다.

⑬ 한 조각의 고운 돌에 글을 새겨[233]

아름다운 향기 만세토록 전함이로다.

⑭ 숭정崇禎 후 두 번째 임술(壬戌. 1742)년 10월 일에

세우다.

---

230 주註 (64)와 112)를 참고할 수 있다.

231 인대猊臺: 기린이 서 있는 높은 언덕 곧 인대麟臺와 같은 뜻으로 우뚝

서 있는 비석碑石을 말한다.

232 용당龍堂: 표충사表忠祠의 영당影堂을 말한다.

233 정민貞珉: 단단하고 아름다운 돌로 비석碑石을 말한다.

三. 西山大師碑銘(北面)

① (篆額): 西山大師碑銘
② (題號): 有明朝鮮國賜國一紫都大禪師禪敎都摠攝
　　扶宗樹敎普濟登階尊者西山淸虛堂休靜大師碑銘
　　幷序
③ (撰者): 嘉善大夫戶曹參判　李雨臣　撰
④ (書者): 嘉善大夫司憲府大司憲　尹得和　書
⑤ (篆者): 通政大夫吏曹參議知製敎　曹命敎　篆

① 행

　　粵在萬曆壬辰島夷犯京宣廟西幸西山大師休靜率其
　　弟子惟政等倡義募兵樹中興大功宣廟嘉其功命立表
　　忠祠于嶺南之密陽並殿休靜惟政所以褒忠獎義也逮

我當宁十四

②行

年戊午以相臣之請有給復守護之命師之法裔南鵬改
創祠于密之靈鷲山三綱洞奉二師遺像名其堂曰弘濟
涉千里走京師訪余而屬文曰吾法祖西山之碑是文忠
公月沙先生之文

③行

也厥後師之法派四世碑文皆出於公之門列樹於金剛
之百和菴中儒釋之交至於四世者斯儘古之所無公乃
文忠公之嫡孫今將竪石于師之祠記師功烈來請于公
者意非偶然公於斯

④行

文惡可辭乎於戲余嘗讀先生之文知師之爲禪門中奇
傑人而先生之文至今爀爀照人耳目逾久而逾光則其
於不朽師也奚待余言然余於鵬之言竊有所感于心不
揆僭妄泚筆爲文曰

⑤行

師法名休靜字玄應自號淸虛子又稱西山俗姓完山崔
氏名汝信外祖縣尹金禹父世昌箕子殿參奉母金氏有

異夢生師於庚辰三月三歲燈夕有一老翁來撫其頂曰
此兒名以雲鶴仍忽

⑥行

不見幼與羣兒遊輒以佛事爲戲而及長風骨秀異頓悟
禪法受經于靈覺大師鬄度于崇仁長老三十中禪科選
至禪敎兩宗判事已而解其印入金剛作三夢詞曰主人
夢說客客夢說主人

⑦行

今說二夢客亦是夢中人登香爐峯作詩曰萬國都城如
垤蟻千家豪傑若醯鷄一窓明月淸虛枕無限松風韻不
齊觀其發於辞者可稔其韜光匿影妙契於禪宗也己丑
之獄爲妖僧無業誣

⑧行

引被逮供辞明剴宣廟卽命釋之取覽詩稿賜御畵墨竹
命賦詩卽進絶句宣廟又賜御製而賞賚甚厚仍許還山
壬辰之亂師仗劍赴行在宣廟敎曰世難至此爾爲出力
弘濟耶師泣

⑨行

而拜命曰臣統率緇徒悉赴軍前殫效忠赤宣廟命爲八

路十六道摠攝師分部沙門惟政領七百義僧起關東虜
英率一千起湖南師自率門徒及所募僧一千五百會于
順安與天兵或

⑩行

先或後助授聲勢進戰于牧丹峯斬馘甚夥天兵乘勝擊
之賊遂空城宵遁師乃迎鑾還都李都督如松送帖嘉奬
曰爲國討賊誠忠貫日不勝敬仰又題詩贈之東征諸將
莫不欽贊於是師請

⑪行

曰臣老不足當事軍旅之務屬之惟政虜英卽還舊棲以
守本分臣之願也宣廟嘉其志許之仍賜號曰國一都大
禪師禪敎都摠攝扶宗樹敎普濟登階尊者甲辰正月會
弟子於妙香圓寂

⑫行

菴開道場說曇法題自家影幀曰八十年前渠是我八十
年後我是渠書訖儵然坐化時年八十五法臘六十五異
香滿室所著文稿行于世師爲人法顔魁梧慧智聰悟在
家事親至孝入山淸

⑬行

淨守法而忠君衛國之誠亦根天性遇患難乃能結主知
於縲絏之中而至于國難倡起義旅羽翼王師收復三京
氛祲載靖便即納印飄然一衲遂返舊寺身雲心月復照
於金沙淨界倬倬英

⑭行

風有足以砭頹俗而立懦頑求諸往牒無與匹休明之廣
孝齊之秉忠名雖義釋志在功利心跡不明亦奚足論也
嗚呼當今之世開僧聞釋抱奇俊之才而淪於異敎甘自
棄於虛無寂滅之中

⑮行

者凡幾人哉苟能當宗社岌業之時不繫其法而自勵大
義倬然所樹立如師之爲則其有補於邦國將如何而又
可以異敎少之哉師之示寂于今數百載而朝廷之特軫
表異之典者亦所以

⑯行

樹風聲而激人心也南鵬勉乎哉師之文章造詣傳鉢法
派詳載文忠公所撰碑文中故只敘其生卒出處始終倡
義靖亂顚末如石銘曰

① 嶽瀆毓精異人挺形　仙婆告夢神翁錫名
② 孕雖嬰胎性則佛英　神秀氣淑髓綠骨靑
③ 金鎚放光玉拂奏靈　道悟那羅理感死生
④ 遂登法席摩尼照晶　無妄繰綄詩達天庭
⑤ 恩隆御畵榮耀千齡　口呪梵音志在葵傾
⑥ 逮國屯步先倡義聲　登壇誓衆雲集其兵
⑦ 羽翼天戈掃彼穢腥　鼓勇迎鑾復我王京
⑧ 忠義炳日華夷皆驚　功成納印歸錫雲扃
⑨ 曇雲生鉢法月在甁　三夢舊偈玄契叮嚀
⑩ 人間榮辱幻如夢醒　舍珠靈骨寶塔崢嶸
⑪ 太古法派不滅光明　靈鷲立祠表揭忠貞
⑫ 一體同祭師弟共亨　功紀獮臺道尊龍堂
⑬ 一片貞珉萬代留芳
⑭ 崇禎後再壬戌十月日立

1. 相位

① 領議政 淸沙金公在魯(김재로)[235]

② 左議政 藏密宋公寅明(송인명)[236]

---

234 음기의 목차와 각주 내용은 송광사 박물관장 고경스님의 조사 및 정리에 의한 것이다.

235 金在魯: 1682~1759. 본관 淸風. 자 仲禮. 호 淸沙·虛舟子. 父 우의정 構. 母 李夢錫의 딸. 1702 진사시 합격. 1710 춘당대 문과 을과 급제. 1716 부수찬. 1718 대사간. 1719 전라도관찰사. 1721 대사간·개성유수. 1722 신임사화시 파직. 1723 울산 귀양. 1724 대사간. 1727 파직. 1728 충주목사. 1731 병조판서·우의정·좌의정. 1737 파직 후 복직. 1738 판중추부사 때 주청사로 청나라에서 明史 입수. 1740 영의정. 1758까지 4차례 영의정. 봉조하로 78세에 사망. 1760 가사대신으로 영조 묘정에 배향. 시호 忠靖

236 宋寅明: 1689~1746. 본관 礪山. 자 聖賓. 호 藏密軒. 祖父 이조참판 光淵.

③右議政 海村趙公顯命(조현명)[237]

2. 判位

① 吏曹判書 趙公尙絅(조상경)[238]

② 戶曹判書 尹公陽來(윤양래)[239]

父 徵五. 母 사헌부 집의 李端相의 딸. 1719 증광문과 을과 급제. 1724
충청도관찰사. 1725 동부승지. 1731 이조판서. 1736 우의정. 1740 좌의정.
시호 忠憲. 사후에 영의정 추증

237 趙顯命: 1690~1752. 본관 豊壤. 자 稚晦. 호 歸鹿·鹿翁. 父 도사 仁壽.
母 金萬均의 딸. 1713 진사. 1719 증광문과 병과 급제. 1721 겸설서.
1728 李麟佐의 난 때 사로도순무사 吳命恒의 종사관·분무공신 3등·豊原
君 책봉·대사헌·도승지. 1730 경상도관찰사. 1734 공조참판·이조·병조·
호조판서. 1740 우의정·좌의정. 1750 영의정

238 趙尙絅: 다른 자료에는 趙尙絅. 1681~1746. 본관 豊壤. 자 子章. 호 鶴塘.
父 돈녕부 도정 道輔. 母 金必振의 딸. 金昌協의 문인. 1708 사마시.
1710 증광문과 병과 급제. 1713 정언·지평. 1717 충청좌도 암행어사.
1720 대사간. 1722 유배. 1725 해배. 1726 함경도관찰사. 1727 파직.
1729 대사헌·경기관찰사·이조참판. 1731 사은 겸 동지부사로 청나라
다녀옴. 1732 이조판서·우참찬. 1736 이조판서·판동녕부사·한성부판윤
으로 사망. 시호 景獻

239 尹陽來: 1673~1751. 본관 坡平. 자 季亨. 호 晦窩. 父 경주부윤 理. 母
李義胤의 딸. 1699 진사. 1708 식년문과 병과 급제. 1716 문학. 1717
경상우도 암행어사. 1720 승지. 1721 충청도관찰사·동지겸 주청부사로
청에 다녀옴. 1722 파직·갑산 위리안치. 1725 승지·공조참판·대사간·영
월부사·병조참판. 1729 예조·병조참판. 1730 함경도관찰사. 1732 한성부

③禮曺判書 尹公 淳(윤순)[240]

④兵曺判書 朴公文秀(박문수)[241]

⑤刑曺判書 金公始炯(김시형)[242]

우윤·호조판서·대사헌. 1738 좌참찬. 1741 좌참찬. 1743 판돈녕부사.
기로소에 들어감. 1746 지중추부사. 시호 翼獻

240 尹淳: 1680~1741. 본관 海平. 자 仲和. 호 白下·鶴陰·漫翁. 父 지평
世喜. 母 승지 李同揆의 딸. 鄭齊斗의 문인. 1712 진사시 장원급제. 1713
증광문과 급제, 부수찬. 1723 응교·사은사 서장관. 1727 이조참판·대제학.
1728 李麟佐의 난 때 감호제군사. 1729 공조판서·예조판서. 1735 원자
보양관. 1739 경기도관찰사. 1741 평안도관찰사로 관내 순찰시 碧潼에서
객사. 시문서화에 능하며 제자에 李匡師가 있음.

241 朴文秀: 1691~1756. 高靈. 자 成甫. 호 耆隱. 영은군 恒漢의 아들. 어머니는
공조참판 李世弼의 딸. 1723 증광문과 병과 급제. 1724 병조정랑. 삭직.
1727 사서. 영남 암행어사. 1728 李麟佐의 난 때 사로도순문사 오명항의
종사관. 경상도관찰사. 분무공신 2등. 靈城君에 책봉. 1730 대사성·대사간
·도승지. 충청도 암행어사. 1732 선혜청 당상. 1734 예조참판. 진주사부사.
호조참판. 1737 도승지·병조판서. 1738 동지사·풍덕부사. 1739 함경도
관찰사. 1739 함경도 관찰사. 1741 어영대장·함경도 진휼사. 1743 경기도
관찰사(미부임). 1744 황해도 수군절도사. 1745 어영대장. 1749 호조판서.
1750 수어사·영남 균세사·지성균관사·판의금부사·세손사부. 1751 예조
판서. 1752 왕세손 사망으로 내의원제조로의 책임을 져 제주 귀양. 1753
우참찬. 사망 후 영의정 추증. 시호 忠憲

242 金始炯: 1681~1750. 본관 江陵. 자 季章. 善餘의 증손으로, 祖父 得元,
父 奉事 弘柱. 母 注書 南宮培의 딸. 1713 성균관생으로서 김장생金長生의

⑥ 工曹判書 朴公師洙(박사수)²⁴³

⑦ 漢城判尹 閔公應洙(민응수)²⁴⁴

문묘종사文廟從祀를 위해 권당 주동하였다 하여 停擧(과거를 보지 못하게
하는 처벌)당함. 1717 식년문과 을과 급제. 1722 正言, 文學·持平. 1727
獻納·執義. 1728 호서·호남지방의 안무사 겸 순찰어사. 1730 동부승지.
참찬관·충청도관찰사·승지 등. 1732 경상도관찰사. 1734 대사간·예조참
판·대사헌. 1735 형조참판·대사헌·승지·도승지·황해도 관찰사. 1736
호조·공조참판. 1737 판윤·형조판서·좌참찬. 1739 호조판서. 1740 형조·
호조판서. 1741 판의금부사·공조판서·판의금. 1742 병조판서. 1743 호조
판서. 1744 평안도 관찰사. 1746 좌참찬·호조판서. 1750 판돈녕. 시호
孝獻

243 朴師洙: 1686~1739. 본관 潘南. 자 魯景. 호 耐軒·耐齋. 父 弼英. 母
安縝의 딸. 대사헌 弼明에게 입양. 1714 생원으로 참봉. 1723 증광문과
장원 급제. 1727 승지. 1728 대사성. 이어 대사헌·영남안무사·대사간·판
결사. 1731 황해도관찰사·평안도관찰사. 1738 예문관 제학·호조판서·우
참찬. 사후에 좌찬성추증. 시호 文憲.

244 閔應洙: 1684~1750. 본관 驪興. 자 聲甫. 호 梧軒. 父 이조판서 鎭周.
母 鄭尙徵의 딸. 1710 사마시 합격. 1715 주부·정랑. 1725 증광문과
병과 급제·예조정랑·정언. 1726 헌납·사간. 1727 교리. 1728 李麟佐의
난 때 호서안무사 金在魯의 종사관. 동래부사. 이어 충청도 관찰사·전라도
관찰사·부제학·대사간·형조참판. 1733 사은 겸 동지부사. 1734 경상도관
찰사·대사성·대사헌·경기도관찰사. 1737 병조판서. 판윤. 1738 평안도관
찰사·대사헌·경기도관찰사. 1740 공조·이조판서·경상도관찰사·수어
사. 1742 예조·형조·이조·공조판서·판의금부사. 1746 형조판서·우의정.
시호 文憲

3. 本道

① 觀察使 李公箕鎭(이기진)[245]

② 觀察使 趙公明謙(조명겸)[246]

③ 觀察使 鄭公益河(정익하)[247]

④ 觀察使 沈公聖希(심성희)[248]

⑤ 觀察使 金公尙星(김상성)[249]

---

245 李箕鎭: 1687~1755. 본관 德水. 자 君範. 호 牧谷. 父 양구현감 簹. 權尙夏 문하. 1717 진사 합격·문과 급제·한림·헌납. 1725 교리·승지·이조참의· 부제학·강화유수. 1728 대사성·함경감사·대사헌·경상감사·형조판서· 예조판서·경기감사. 1741 판의금부사·이조판서·홍주목사·경기감사· 평안감사·廣州유수·판돈녕부사

246 趙明謙: 1687~?. 본관 林川. 자 伯益. 父 좌랑 正綱. 母 徐漢柱의 딸. 1727 증광문과 병과급제. 1733 교리·경주부윤·강원도관찰사·대사간·진 위겸진향부사로 淸에 다녀옴. 1752 동지의금부사. 1753 병조참판

247 鄭益河: 1688~?. 본관 迎日. 자 子謙. 호 晦窩. 父 洊. 母 沈若溟의 딸. 1721 증광문과 병과 급제·예조참판·도승지·대사헌·형조참판. 1727 검 열. 1730 지평·경상도관찰사·대사간·대사성·함경도관찰사·지의금부 사. 1755 형조판서. 시호 忠獻

248 沈聖希: 1684~1747. 본관 靑松. 자 而天. 父 능주목사 鳳輝. 母 洪柱國의 딸. 약관 진사. 성균관장의. 익릉참봉. 1725 증광문과 병과 급제·주서·설 서·부수찬·대사간·충청도관찰사·경상도관찰사·이조판서·대사헌

249 金尙星: 1703~1755. 본관 江陵. 자 士精. 호 陶溪·損谷. 父 판서 始煥. 母 兪鼎基의 딸. 13세 때 영평의 金水亭記를 지은 신동. 1723 진사.

4. 本府

① 府使 任公守迪(임수적)[250]

② 府使 尹公懋敎(윤무교)[251]

③ 府使 李公玄輔(이현보)[252]

5. 士林

① 生員 孫碩寬(손석관)[253]　② 學生 朴世矩(박세구)[254]

1723 정시 문과 장원·사서. 1727 병조좌랑·정언·부수찬·부교리·헌납·응
교. 1734 부평부사. 1736 대사간·승지·대사성. 1744 경상도관찰사·형조
참판·대사헌·병조·이조·공조참판. 1752 병조·예조판서·좌빈객·판의
금부사. 1755 이조판서. 시호 文憲

250 任守迪: 1671~1744. 본관 豊川. 자 吉甫. 父 참판 胤元. 母 權侃의 딸.
　1696 진사 합격·문음으로 건원릉 참봉. 1725 삼가현감·증광문과 병과
　급제·문한관. 1727 홍문록에 오름·부수찬·수찬·헌납·부교리·사간·응
　교. 1734 대사간·승지·대사간·형조참판·도승지

251 尹懋敎: 다른 자료에는 尹懋敎. 1683~1762. 자 汝敏. 父 덕포공 揩.
　1730 경조 검시관. 1736 위솔. 1740 밀양부사. 벼슬은 동돈녕. 사후 이조판
　서 증직

252 李玄輔: 1679~?. 본관 延安. 자 德升. 父 正臣. 母 柳以震의 딸. 1723
　별시병과 4위 급제·감사. 1724 지평. 1725 정언. 1726 헌납·장령·집의·승
　지. 1735 강원도관찰사·승지. 1737 대사간·승지

253 孫碩寬: 1670~?. 본관 密陽. 密陽 거주. 起陽 증손. 父 得貞. 生父 어모장군
　得元. 1714 증광생원 3등 51위. 진사. 자 大隱. 호 門巖. 증 호조참판

254 朴世矩: 1695~?. 본관 密陽. 武安面 淵上里 上堂 거주. 父 守章. 1725

③ 幼學 李冝龍(이의룡)　④ 學生 申命胤(신명윤)[255]

⑤ 生員 曹夏瑋(조하위)[256] ⑥ 幼學 成德周(성덕주)

⑦ 幼學 申應岳(신응악)[257]

6. 宗匠

① 淸運(청운)[258]　②若坦(약탄)[259]　③ 雷震(뇌진)[260]

④ 杜惠(두혜)[261]　⑤萬薰(만훈)[262]　⑥ 之慧(정혜)[263]

⑦ 宣之(선정)[264]　⑧秀眼(수안)[265]　⑨ 軆淨(체정)[266]

정시병과 128위. 자 得和

[255] 申命胤: 1677~?. 본관 平山. 자 胤之. 호 望慕軒

[256] 曹夏瑋: 1678~?. 본관 昌寧. 자 君玉. 호 笑庵. 密陽 거주. 光益 5대손. 父 冕周. 1723 증광생원 3등 3위. 진사. 문집 2권.

[257] 申應岳: 자 宣伯. 호 弦齋

[258] 淸運: 枕虛淸運. 1695. 4. 청도 적천사 노사나 괘불(供養 施主)

[259] 若坦: 影海若坦. 1668~1754. 光山 金氏. 자 守訥. 전남 고흥 출신. 父 中生. 1677 고흥 楞伽寺로 출가. 得牛·無用秀演에게 사사. 능가사와 순천 松廣寺에 부도. 1724. 6. 순천 송광사 응진당 후불탱(大禪師)

[260] 雷震: 月華雷震.

[261] 杜惠: 다른 자료에는 斗慧.

[262] 萬薰: 月松萬薰.

[263] 之慧: 晦庵之慧. 1685~1741. 金씨. 1685 경남 창원 출생. 1693 부산 범어사 自守스님에게 출가. 해인사 葆光圓旻에게 배우고 법맥을 이음. 1741. 5. 20 청암사에서 입적. 1729 여름. 합천 해인사 석가후불탱(山中大德)

[264] 宣定: 牧庵宣定. 1755 운문사 삼장탱(證明). 1755. 3 영천 은해사 삼장탱

90

⑩ 宏活(굉활)²⁶⁷　⑪ 璽封(새봉)²⁶⁸　⑫ 日暎(일영)²⁶⁹

⑬ 海源(해원)²⁷⁰　⑭ 最栢(최백)²⁷¹

7. 禪匠

① 快善(쾌선)²⁷²　② 眞淨(진정)²⁷³　③ 朗聰(낭총)²⁷⁴

④ 震機(진기)²⁷⁵　⑤ 一宗(일종)²⁷⁶

(證明)

265 秀眼: 1755 운문사 삼장탱(山中)

266 體淨: 虎岩體淨. 1687~1748. 金씨 전남 고흥 출생. 1701 출가. 해인사·통도사 주석. 해남 대흥사 강사

267 宏活: 幻夢宏活. 1680~1741. 12. 7.

268 璽封: 霜月璽封. 1687~1767. 孫씨. 자 混元. 전남 순천 출생. 1697 순천 선암사 極俊스님에게 출가. 1713 선암사 강사. 1753. 10 선암사 괘불(證師 施主) 및 대법당 제석탱(證師), 선암사(해천사) 삼세불탱(山中宗師). 1757. 6 선암사 괘불 궤(表忠院長 大和尙)

269 日暎: 金波日暎. 淸風日暎일 가능성도 있다.

270 海源: 涵月海源. 1691~1770. 완산 李씨. 자 天鏡. 함흥출생. 1704 문천 道昌寺 釋丹스님에게 출가. 40여 년간 강사

271 最栢: 다른 자료에는 四松最白.

272 快善: 箕城快善. 1693~1764. 부 柳時興. 모 黃씨. 칠곡 출생. 1705 칠곡 송림사로 출가. 1772 송림사에 비

273 眞淨: 1738. 12. 29. 밀양 표충사 조왕탱(證師)

274 朗聰: 1736. 10 통도사 5계수호신장번(本寺 前僧統)

275 震機: 1731. 5. 24 구미 수다사 대웅전 후불탱(證明) 및 삼장탱(證明)

276 一宗: 凌雲一宗. 松雲惟政下 4세인 金山一宗(「약보」 12세 1번)일 수도

8. 有司

① 鶴林(학림)　② 禧有(희유)[277]　③ 信惠(신혜)[278]

④ 淸印(청인)[279]　⑤ 明學(명학)[280]

9. 行有司

① 惠文(혜문)　② 廣惠(광혜)[281]

10. 本司

① 文重郁(문중욱)　② 高世瑜(고세유)　③ 嚴漢鵬(엄한붕)

11. 禮曹

① 姜後尙(강후상)　② 宋時聖(송시성)　③ 金昌獜(김창린)

있다.

277 禧有: 凝庵禧有. 僖有·希有·希裕·僖愈. 통도사에 眞影 봉안. 1734. 6
통도사 석가후불탱(山中). 1736. 10 통도사 5계수호신장번(山中大德).
1740. 11 통도사 극락전 아미타불탱(山中大德). 1759. 7 통도사 대광명전
비로자나불탱(山中化主) 및 노사나불탱(本寺化主) 및 석가불탱(山中化主).
1767. 9 통도사 노사나괘불기현판(山中大德)

278 信惠: 臥雲信惠. 1770. 4 예천 서악사 석가불탱(證明). 1775경 통도사
신중탱(證明)

279 淸印: 다른 자료에 華岳淸仁. 1742. 5 포항 보경사 비로자나불탱(本寺)
1755. 4 운문사 삼신불탱(施主)

280 明學: 圭山明學.

281 廣惠: 1775. 운문사 삼장탱(山中大德).

12. 守禦

① 金麗昌(김여창) ② 崔萬昌(최만창)

13. 揔攝

① 道內都揔攝 海淑(해숙)[282]

② 北漢都揔攝 性能(성능)[283]

③ 南漢都揔攝 文旭(문욱)[284]

④ 前揔攝 翠眼(취안)[285]

⑤ 前僧統 最日(최일)

⑥ 前僧統 海能(해능)

14. 本營

① 金有亨(김유형) ② 金龍孫(김용손) ③ 權漢章(권한장)

15. 本府

① 嚴世德(엄세덕) ② 黃海澄(황해징) ③ 丁就道(정취도)

---

282 海淑: 楓溪海淑.

283 性能: 桂坡性能. 聖能. 華嚴寺 스님. 碧岩覺性 문하에서 3년간 공부.
1699 화엄사 장륙전 중수. 1711 팔도도총섭. 북한산성 축조. 1750 통도사
계단 탑 증축

284 文旭: 雙湖文旭

285 翠眼: 1738. 12. 29. 밀양 표충사 조왕탱(都僧統)

16. 中軍

① 中軍 瑞胤(서윤) ② 中軍 坦梅(탄매)[286]

17. 本道前公員

① 贊和(찬화) ② 能玉(능옥)[287] ③ 世照(세조)

④ 順基(순기) ⑤ 時載文(시재문)

18. 事判公員

1) 前摠攝: ① 竺詮(축전) ② 義玄(의현)[288]

③ 坦珠(탄주)[289]

2) 僧孫: ① 一行(일행)[290] ② 快印(쾌인) ③ 處澄(처징)[291]

④ 處華(처화)[292] ⑤ 秀玄(수현) ⑥ 一還(일환)[293]

⑦ 崇遠(숭원)

---

286 坦梅: 月峯坦梅. 綻梅.

287 能玉: 1728. 8. 대구 동화사 지장탱(本寺. 施主)

288 義玄: 惺寂義玄. 1736. 10 통도사 5계수호신장번(本寺 前僧統). 1740. 11 통도사 극락전 아미타불탱(前僧統 都監). 1759. 7 통도사 대광명전 노사나불탱(本寺 前僧統) 및 석가불탱(本寺 前僧統)

289 坦珠: 1744. 4 고성 옥천사 지장탱(化主) 및 시왕탱(大化士)

290 一行: 燕嵓一行.

291 處澄: 無染處澄. 1739. 5 울진 불영사 삼장탱(證明). 1740년대 청송 대전사 석가후불탱(證明)

292 處華: 幻虛處華.

293 一還: 碧虛一還. 一環. 1755. 3 영천 은해사 삼장탱(山中)

3) 本境內:

  (1) 慶州鎮 ① 彩遠(채원)[294]　② 義根(의근)

  (2) 大丘鎮 ① 順海(순해)[295]　② 學輝(학휘)

  (3) 尙州鎮 ① 寬機(관기)[296]　② 性輝(성휘)[297]

  (4) 安東鎮

  (5) 晉州鎮 ① 哲雄(철대)　② 摠日(총일)

  (6) 金海鎮 ① 玄哲(현철)　② 淸眼(청안)

  (7) 涤谷鎮 ① 眞悟(진오)[298]　② 管晶(관정)

  (8) 東萊鎮 ① 彦聰(언총)　② 太英(태영)[299]

  (9) 善山鎮 ① 錦日(금일)　② 宗益(종익)[300]

  (10) 星州鎮 ① 最演(최연)

4) 湖南: ① 僧統(승통) 楚文(초문)

---

[294] 彩遠: 1769. 6 경주 불국사 대웅전 후불탱(施主)

[295] 順海: 1700년대 국립중앙박물관 소장 시왕탱(施主)

[296] 寬機: 1736. 6. 6 울주 석남사 대웅보전 후불탱(彩色供養大施主). 1741.
5 상주 남장사 아미타불탱(施主 前啣) 및 삼장탱(施主)

[297] 性輝: 1703. 5. 14 문경 김룡사(운봉사) 괘불(施主)

[298] 眞悟: 1722. 4. 24 진주 청곡사 괘불(婆蕩施主)

[299] 太英: 玩虛太英.

[300] 宗益: 1744. 5 김천 직지사 시왕탱(大施主) 및 대웅전 약사불탱(婆蕩大施主
前啣)

19. 幹善

① 靈印(영인)[301]　② 智性(지성)[302]　③ 覺信(각신)[303]

④ 貴悅(귀열)　⑤ 熙哲(희철)[304]　⑥ 振悟(진오)[305]

⑦ 一燁(일엽)　⑧ 雙冾(쌍협)[306]　⑨ 歸淑(귀숙)

⑩ 就澄(취징)[307]　⑩ 印遠(인원)　⑫ 善印(선인)[308]

⑬ 孟冾(맹협)　⑭ 碩眼(석안)　⑮ 信嚴(신엄)[309]

⑯ 裕卞(유변)[310]　⑰ 萬善(만선)[311]　⑱ 碩岑(석잠)

⑲ 楚印(초인)　⑳ 世弘(세홍)

㉑ 朗伯(낭백)　㉒ 太性(태성)

---

301 靈印: 1728. 8 대구 동화사 지장탱(本寺 施主). 1744. 5. 22 김천 직지사 대웅전 약사불탱(布施施主)

302 智性: 鳳巖智性. 1744. 5. 22 김천 직지사 대웅전 석가불탱(大施主).

303 覺信: 1725. 4. 4 포항 보경사 괘불(供養施主 和尙). 1742. 5 포항 보경사 비로자나불탱(都監)

304 熙哲: 1736. 6 울주 석남사 대웅보전 후불탱(供養大施主)

305 振悟: 1722. 4. 24 진주 청곡사 괘불(婆湯施主)

306 雙冾: 1744. 5 김천 직지사 시왕탱(大施主)

307 就澄: 1728. 8 대구 동화사 지장탱(施主)

308 善印: 西岳善印.

309 信嚴: 秋空信嚴. 松雲惟政 下 5세.

310 裕卞: 다른 자료에는 惟卞.

311 萬善: 樂菴萬善.

20. 坐石曳運

① 湫鴈(추안)[312] ② 碩天(석천)[313] ③ 日珠(일주)[314]

④ 快淑(쾌숙)[315] ⑤ 俊卞(준변)　⑥ 淸現(청현)

21. 本院

① 僧統 最心(최심)[316] ② 和尙 呂華(여화)[317]

③ 書記 敏漢(민한)　④ 書記 海寬(해관)[318]

22. 禪傳齋

① 圓俊(원준)[319] ② 允言(윤언)[320]

③ 致和(치화)[321] ④ 希性(희성)

---

312 **湫鴈**: 다른 자료에는 秋鴈. 1755. 3 영천 은해사 삼장탱(施主)

313 **碩天**: 1771. 2 구미 수다사 시왕탱(施主)

314 **日珠**: 다른 자료에는 一珠.

315 **快淑**: 1770경. 안동 暮雲寺 지장탱(都監)

316 **最心**: 1755. 4 운문사 삼신불탱(婆蕩大施主). 1775. 7. 20 통도사 대웅전 팔상탱(靈駕)

317 **呂華**: 1738. 12. 29 밀양 표충사 조왕탱(鍊軸)

318 **海寬**: 碧波海寬과 龍波海寬은 연대상 가능성이 희박

319 **圓俊**: 無染圓俊과 金波圓俊일 가능성이 높다. 1739. 5 울진 불영사 삼장탱 (本寺 老衲). 隱庵圓俊과 月谷圓俊은 가능성이 희박

320 **允彦**: 奉華允彦.

321 **致和**: 1738. 12. 29 밀양 표충사 조왕탱(和尙). 致和는 無準 下 6세로 남해 花芳寺「僧門族譜」(學英, 1778. 10)에 기록되어 있다. 無準은 芙蓉靈觀 (1485~1571)의 제자인데 芙蓉의 현존 계파는 淸虛와 浮休派뿐이다.「僧門

23. 敎傳齋

① 尙玄(상현)[322]　② 希律(희율)　③ 順華(순화)[323]

④ 處俊(처준)[324]　⑤ 世弘(세홍)　⑥ 了岑(요잠)

24. 剳厠

① 歸允(귀윤)　② 國行(국행)　③ 宏悅(굉열)

④ 管淸(관청)　⑤ 吳漢伯(오한백)　⑥ 張瑞權(장서권)

⑦ 道淳(도순)　⑧ 怡惠(이혜)　⑨ 世鵬(세붕)

⑩ 管海(관해)[325] ⑪ 漢埜(한초)

25. 神丹

① 金得海(김득해)　② 芳憲(방헌)

③ 姜淡沙里(강담사리)　④ 徐戒昌(서계창)

26. 基主

① 崔後種(최후종) ② 杜有元(두유원)

27. 浮石

① 碑石都監前摠攝 埜玧(초윤)

族譜」이후 이 2派에 흡수되었다.

322 尙玄: 碧雲尙玄. 1738. 12. 29 밀양 표충사 조왕탱(都監)

323 順華: 陽谷順華.

324 處俊: 蓮城處俊. 幻月處俊도 가능성이 있다.

325 管海: 1700년대. 국립중앙박물관 소장 시왕탱(施主)

98

② 物財都監前僧統 裕察(유찰)[326]

③ 典供物財都監 處寬(처관)[327]

④ 行有司兼都書記 善文(선문)[328]

⑤ 監役: ① 國坦(국탄)[329] ② 裕洽(유협)[330]

　　　　　③ 鶴益(학익)

28. 齋任

① 主管 演初(연초)[331](書)

② 宗正 大愚(대우)[332]

---

326 裕察: 1705. 4 예천 용문사(창기사) 괘불(本寺 三綱 首僧)

327 處寬: 1741. 3. 8 곡성 도림사 신덕암 지장시왕탱(證 大禪師). 1749. 6 부안 내소사 괘불(證明)

328 善文: 1734. 6 통도사 석가후불탱(大施主)

329 國坦: 大庵國坦. 1741. 5. 16 상주 남장사 아미타후불탱(施主) 및 삼장탱(施主)

330 裕洽: 1724. 윤4. 29 영천 법화사 대웅전 후불탱(本寺)

331 演初: 雪松演初, 1676~1750. 白씨. 경산(자인)출신. 1688 운문사에 출가. 雪松演初는 첫 스승 銘巖釋霽의 제자가 되고, 뒤에 喚醒志安을 참학하여 그의 제자가 되어 청허휴정 이후에 갈라졌던 銘巖과 喚醒 두 파를 통합했다. 부도와 비가 운문사와 통도사에 있다. 1736. 6. 6 울주 석남사 대웅보전 후불탱(山中大德)

332 大愚: 碧霞大愚. 1676~1763. 朴씨. 영암 출신. 모 李씨. 照淵스님에게 출가. 華岳文信에게 교학을 배우고, 喚醒志安에게 선을 이어받고, 孤鵬에게 계율을 전해 받음.

③有司 漢琦(한기)[333]

④建祠 南鵬(남붕)[334]

⑤典穀 演性(연성)

333 **漢琦**: 洛峯漢琦.

334 **南鵬**: 太虛南鵬. 1755. 4 운문사 삼신불탱(施主)

1. 增補佛敎源流, 仙巖寺

2. 朝鮮高僧碑文, 李智冠 著

3. 四溟大師集, 李民樹 著

4. 四溟堂實記, 申鶴祥 著

5. 四溟大師語錄, 無二 註解

6. 四溟大師亂中語錄, 無二 註解

7. 西山大師語錄, 無二 註解

8. 朝鮮禪敎史, 寶蓮閣

9. 新增東國輿與地勝覽, 明文堂

10. 增補文獻考, 明文堂

11. 朝鮮儒敎淵源, 明文堂

12. 東國戰亂史, 明文堂

13. 韓國人物志, 明文堂

14. 典故大方, 明文堂

15. 密陽誌, 密陽文化院

16. 密州誌, 密陽文化院

17. 密陽府先生案

南面：松雲影堂碑文

松雲大師碑銘

有明朝鮮國密陽表忠祠松雲大師影堂碑銘 并序

大匡輔國崇祿大夫領中樞府事 李宜顯 撰
嘉善大夫行弘文館副提學知製 教金鎮商 書
大匡輔國崇祿大夫行判中樞府事 俞拓基 篆

粵我 昭敬大王在宥之二十五年日夲賊大擧兵入寇 主上鄙在西陲凶鋒弥滿八路中外食焉者多雉兎迯賊遂肆意蹂躪維時松雲大師惟政佛者流也飛錫入高城諭賊勿嗜殺賊見其儀容凜然卽起 敬戒其徒由是嶺東九郡得免屠戮之慘既而慷慨語諸僧曰吾等優游飮啄皆 聖恩也今國危至此坐視不救可呼乃募衆至數百亟赴順安時師之師休静方總諸道僧兵辝以老擧師自代遂從體察使柳成龍協同 天將破平壤賊隨都元帥權慄下嶺南婁有斬獲 上嘉歎進階堂上使隨劉總兵綎入倭營諭意清正三往三返盡得要領正问朝鮮有寶乎曰無有寶在日夲若頭是也正色沮及還 上召至內闥歷问事情仍 教曰昔劉秉忠姚廣孝俱以山人勳在國家爾若長髮百里之寄三軍之命無所不可師辭以不敢 上亦不屈其志特給武庫鎧仗俾抄擊餘賊已又助築城埤飭儲胥完保障卽上印綬抗章乞休不許丁酉倭再逞從麻劉二督府具有勞勩特陞嘉善拜同知中樞辛丑又築釜山城甲辰奉 國書往日夲諸倭相顧驚憚受約束惟謹還被虜男婦三千餘口復 命加階嘉義優錫賚以獎之是後季益老乞骸自雉嶽入伽倻山至庚戌秋示寂世壽六十七僧夏五十七茶毘之夕得舍利一具蔵之石鍾建窣堵坡師豊川任氏也父守成娶達城徐氏生師於 嘉靖甲辰夯有異質稍長讀書忽有契悟投黃嶽山薙髮字曰離幺才思夙諧為蘇齋思菴高峯霽峰諸名公所賞識与詩人崔嘉運許美叔林子順李益之輩遊 為詩清遒可觀有四溟集行于世然斯皆師之土苴粃糠尒固不足道也唯是稟氣豪逸自有達識明智從異教而不為其教所囿出世而懷弭乱之志離倫而篤衛國之誠當賊勢潮驅雺霈匝天忠義爵律不能自禦片言折伏羣醜尺劒建立殊績有不可以談空說幺之一枯禪比而倫之 聖教引古英傑策勉者蓋亦深知其抱負之不常則豈不為一時之毅夫蓋代之偉男也㦲嶺南之密陽有表忠祠以享師而休師以有宬初勘難之功靈圭以殲賊著烈終又殉節与師並腏 肅宗朝命官供祭需 當宁又命給復所以樹風聲勸来後也師嘗存髯不去其長至帶亦異矣今遺像留在祠中余雅不喜為釋子作文字有来請輒麾之唯師事跡絶奇義難一例斥却遂為之銘其詞曰 人有五倫一則君臣 臨難奮義有國無身 斯為正理名教攸遵 呪梵持鉢佛也匪人 獨守空門自甘夷淪 視世危乱 寧肯嚬呻 偉㦲松雲跡幻心真 存髯至膝有煒精神 想厥雅意不屑緇巾 蠻警卒起誓清氛塵 裒兵選徒師律一新 楡岾救衆化彼兇嚚 九郡安帖全活惟均西山讓先用徹 重宸 歷載從戎箕壘鼎津 鹵獲侯多特侈緋銀 釜營三返尤竭忱恂 說寶語壯氣薄秋旻 以舌代鋒遠懾强鄰 七年兵戈功在南民 聖情眷倚諭教諄〻 曰昔劉姚勳比麒麟 尒能屈志佑我昌辰 百里三軍嘉命可申 師拜稽首其敢逡巡 臣老無能願垂慈仁 秪林道場猿鳥相親 是臣夲懷悃款畢陳 翩然歸臥雉嶽嶙峋 恩奬稠疊表節之純 毫光遽閟法運終湮 塔廟湧空玄珠示珎 凝川報祀永綏千春 遺像在堂爽氣氤氳 給需賜復 寵章式頻 惟此一着蓋飭戎衲 非如前代渠教是因 三師齊享共作主賓 酬功彰烈施及無垠 我述其事刻之貞珉 爰俾鷲子師義寔循 毋泥虛寂追師濟屯

崇禎後再壬戌十月 日立

西面：表忠事蹟碑

表忠事蹟碑

有明朝鮮國嶺南密州靈鷲山表忠祠事蹟碑

資憲大夫吏曹判書兼知 經筵事弘文館大提學藝文館大提學知春秋館成均館事 世子右賓客 李德壽 撰
大匡輔國崇祿大夫議政府左議政兼領經筵事監春秋館事 徐命均 書
通政大夫吏曹叅議知製 教曹命教 篆

表忠世㳒也而學出世法者取以名其祠焉奚大其忠也大其忠則出世法不足以囿也而其表之也固宜嶺南密州之靈鷲山有西山松雲騎虛三大師妥靈之所不寺而祠遵世法而報其功也 穆陵在宥之壬辰島夷傾國入寇八路剪焉傾覆于時西山捨緇而甲倡義討賊松雲繼帥義旅屢立奇勳既又再入倭京以寸舌替鋌刃卒使狡酋戢其跋扈刷還髦倪前後不億騎虛臨陣殉義視死不啻如赴極樂界此皆忠之大而祠之所以設也松雲發跡於是山生而長而亂靖而歸就東麓縛數椽屋以為棲息之地揭名白霞取其密邇先壠使老蒼頭終生末生守之而師則雲遊國中諸勝而終後人曰其菴作表忠祠官給春秋祭需及經 丙子之亂守僧散而祠亦鞠為茂草 肅廟甲午金侯昌錫慨然興想於數百季之前壯師之為而惜其跡之湮沒就舊址復創祠具狀報巡營按使趙公泰億啓 聞于朝官畀祭需如前大師入倭京時所奉願佛舊在大丘龍淵寺特建一殿於祠之左而奉安又創東西僧寮募僧居之於是鍾磬之聲不絶於晨昏而香煙之裊娜者與杳靄嵐翠空濛於南天居然為方外之勝境矣山之北有師先壠師俗姓任氏父守成 贈刑曹判書兼知義禁府事祖 贈左承旨曾祖 贈左通禮母徐氏以上并有從 贈三世 教旨皆藏祠中今 上戊午春松雲法孫曰南鵬悼師之跡微而不章遍以告於搢紳諸公 於是相國若金公若宋公若趙公咸以為只給祭需非所以報功勵世遂啓 前席特給復戶五結又命本道重修祠宇僧演初翠眼最心尚玄等實幹其事而南鵬揔焉鵬又伐石慶山使僧楚玧董其役而乞文 於余將以備載其事夫祠雖并享三師而其初為松雲作也故於松雲特詳云

崇禎紀元後再壬戌十月 日立

송광사박물관장 고경스님 作

西山大師碑銘

嘉善大夫戶曹參判兼　　李雨臣　撰
嘉善大夫司憲府大司憲　尹得和　書
通政大夫吏曹參議知製敎　　　　篆　當寧十四

北面：西山大師碑

粵在萬曆壬辰島夷犯京　宣廟西幸西山大師休靜率其弟子惟政等倡義募兵樹中興大功　宣廟嘉其切

年戊午以相臣之請有給復守護之　命師之法裔南鵬造創祠于密之靈鷲名其堂曰弘濟涉千里走京師訪余而屬文曰徒弟山之之文

也厥後師之法派四世孫文信出於公之門列樹於金剛之百和菴中儒釋之交至於四世者斯儘古之所不公乃文忠公於斯

文恖可稱乎於戱余嘗讀先生之文知師之為禪門中奇傑人而先生之文至今爀爀照人耳目逾久而逾光則其於不朽師也奚待余言然余將竪石于師之祠記則灼然來請于公者意非偶然公於斯

師法名稱性完山崔氏名汝信外祖姓尹金禹父世昌箕子之裔奉母金氏有異夢生師於庚辰三月三歲嶷夕有一老翁來撫其頂曰此兒名以雲鶴仍忽

今說二夢客亦是夢中人佛事為戲而及長風骨異凡頂悟禪法受符于靈鷲大師夢度于崇仁長老三十中禪科選至禪教兩判事已而鮮其印信入金剛作三夢詞曰主人說夢客夢客說主人

引被逮供辭明剖　宣廟即命釋之取覽詩稿賜御畫墨竹命賦詩卽絶句　窓中虛慮枕無眠風松風笛一齊觀其發於詞氣已稔其貌光匿影妙絕千古

而拜　命日臣統率緇徒悉赴軍前禪效忠赤　宣廟命為八路十六道提攝領分部沙門惟政領七百義僧起關東處英率一千起湖南師仗劒赴行在

先或後助援聲勢進戰于牧丹峯斬馘甚野天兵乘勝擊之賊逶空城嘉獎乃迎鑾遷都李督如松送帖嘉獎乃國討賊誠貫日不勝勉仰又題詩贈之東征諸將莫不欽贊於是師請

日臣老不足當軍旅之務屬之惟政虛英卽還舊栖以守本分乞之願也　宣廟嘉其志許之仍號日國一都大禪師賜玉拂宗樹教普濟登階尊者甲辰正月會弟子於妙香圓寂

菴開道場說臺法題自家影軸日八十年前渠是我八十五歲臘六十五異香滿室所著敎病魁槧慧智聰悟在家香親至孝人山清

净守法而忠君衛國之誠亦根天性遇患難乃力結生知於繾綣之中而至于國難倡起義旅羽翼王師收復三京京秘載時便已納印飄然一衲逸返靡寺身雲心月復照於金淨界俾偉英

風有足以砥頹俗而立懦頑求諸往牒無與四休明之廣孝齊之求忠名雖義齊志在幻利心跡不明亦奚足論也鳴呼當今之世開僧闡釋抱奇俊之才而淪於異敎自晦弟於晦百載而朝廷之特稱義英之典者亦所以

者凡幾人哉而能當宗社炎業之時不繫其法而自勖大義倬然而樹立如師之為則其有補於邦國將如何而又可以異敎少之為哉百歲而朝廷之特稱義英之典者亦所以

樹風聲而激人心也南鵬勉守成師之文章造詣傳鉢法派詳載公所撰碑文中故只叙其生卒出處始終倡義靖亂顛末如右銘曰　嶽瀆毓精異人挺形　仙婆告夢神錫賜名　逮國屯步孕雛

嬰胎性則佛英　神秀淑德綠骨青　金鎧放光玉拂奏處　道悟那罷理死生　宣廟嘉志許政領七百義僧起關東處英率　宣廟教日世難乎此爾為出力匡佐弘濟耶師泣

日臣老不足當事軍旅之務羽翼天戈掃彼穢腥　皷勇壁復我王京　忠義炳日皐夷照品　刃成納印錫寵靈局　曇雲舊偈玄契叮嚀　人間榮辱幻如

夢醒　舍珠靈骨寶塔峥嶸　一體同祭師弟共享　功紀猿道尊龍堂　三夢舊偈玄契叮嚀　口呪梵音志在裳傾

先唱義聲登壇誓衆雲集其元　太古法派不滅光明　靈鷲立祠表揭忠貞　一切貞珉萬代留芳

東面：佛事人名

相位
領議政清沙金公在魯
左議政密宋公寅明
右議政海村趙公顯命

判位
吏曹判書趙公尙
戶曹判書尹公陽來
禮曹判書尹公淳
兵曹判書金公應命
刑曹判書朴公文秀
工曹判書朴公師洙
漢城判尹閔公應洙

本道
觀察使李公箕鎭
觀察使趙公明謙
觀察使鄭公益河
觀察使沈公聖希
　　　金公尙星

本府
府使任公守迪
府使尹公懋敎
府使李公玄輔

士林
生員碩寬
生員杜允
學生林世矩
學生金宜龍
學生申命胤
幼學趙德周
幼學申應岳

宗匠
清運　鶴林　雷震　萬薰　之慧　宣之　秀眼　宏浩　體封　海源　日暎　最栢

禪匠
清印　明學　信惠

一宗
震聰　朗聰　真淨　快善　真淨

有司
惠文　能玉　守訔　金萬昌　姜後尙　黃海澄　義玄

行有司
崔萬昌　丁就道　前摠攝最日　順基　學輝　坦快印　安世鎭

本司
金時聖　前摠攝最眼　黃海澄　權漢章　金龍孫　金有亨　僧統一坦

本都
金昌猷　嚴德　高世瑜　快印　向州鎭

本營
時載文　事例公員　貧和　世玉

本府
海能　顺基　義玄　星州鎭　最演

事載
　　　　　　　慶州鎭　彩徽　靈智　書記敏溪漢

本境內
中軍瑞鎭　崇遠　秀玄　一還　崇哲

幹善
僧統最心　和尙呂雄　覺岊　貴悅　熙哲　振悟　智性　智悅　書記敏溪漢

禪傳齋
剋澄　圓俊　國行　世律　希律　書記敏伯

浮石
碑石都監前摠攝梦玩　物財都監摠攝裕察　典供物財都監摠攝處寬　行有司兼都書記善文

齋任
典穀演性　建剛漢琦　有司大愚　宗正　主管演初書　監役裕洽　鶴益

三大聖師 表忠碑閣

불기 2561(2017)년 4월 24일 초판1쇄 인쇄
불기 2561(2017)년 5월 2일 초판1쇄 발행

譯　註 • 無二 巨芙
發行人 • 無二 巨芙
發行處 • 無二精舍

제작 • 도서출판 운주사
　　　서울시 성북구 동소문로 67-1 성심빌딩 3층
　　　☎ (02) 926-8361

ISBN 978-89-5746-489-2 93900
값 12,000원

※ 잘못된 책은 바꾸어 드립니다.

무이無二 거부巨芙 행장行狀

민도광閔道光 스님을 은사恩師로 득도하였으며, 법명法名은 거부巨芙요 강호講號
는 무이無二이다. 범어사梵魚寺 강원講院을 졸업하였고, 범어사 강원에서 강의하
였으며, 1996년 수덕사修德寺 창건創建 이래 초대初代 강사講師로서 강원을
개당보설開堂普說하여 일불제자一佛弟子의 이념과 도제양성徒弟養成의 목적으
로 후학들을 위하여 조계종曹溪宗 소의경전所依經典을 『초발심初發心』부터 『화
엄경華嚴經』에 이르기까지 강의하면서 ① 초발심자경문初發心自警文 ② 치문緇
門 ③ 서장書狀 ④ 도서都序 ⑤ 절요節要 ⑥ 선요禪要 ⑦ 금강경金剛經 ⑧ 원각경圓
覺經 ⑨ 능엄경楞嚴經 ⑩ 기신론起信論 ⑪ 대방광불화엄경大方廣佛華嚴經 등의 교
재教材를 주해註解를 달아 완간完刊하였다.

또 표충사表忠寺에 주석住錫하면서 사명대사四溟大師의 유품遺品을 열람하다
가 목판본 판각板刻을 발견하여 정리한 후 ⑫ 『사명대사어록四溟大師語錄』으로
발간發刊하였고, 임진왜란壬辰倭亂 당시의 『난중일기亂中日記』와 선조宣祖 임금
께 올린 상소문上疏文, 그리고 재상宰相들과 주고받은 서간書簡, 전별시戰別詩,
왜장倭將들과 주고받은 서찰書札 등이 실려 있는 분충서난록奮忠紓難錄을 정리하
여 주해를 달아 ⑬ 『사명대사 난중어록四溟大師亂中語錄』으로 제호題號를 붙여
발간하였다.

이후 사명대사의 스승이신 서산대사西山大師의 행적이 궁금하여 자료를 수집
하던 바 묘향산妙香山 수충사酬忠祠 1794(甲寅)년 판각본板刻本 청허당집淸虛堂集
을 입수入手해 주해註解로 정리하여 ⑭ 『서산대사어록西山大師語錄』이라는 제호
를 붙여 발간하였다.

또한 근대에 제방諸方에서 이설異說이 많은 경허선사의 법어法語를 주해註解
로 재정리하여 ⑮ 『경허선사어록鏡虛禪師語錄』이라는 제호를 붙여 발간하였다.

表忠祠 執禮笏記

이 표충사表忠祠 집례홀기執禮笏記는 밀양시청密陽市廳
에 보관하고 있는 『표충사表忠祠 집례홀기執禮笏記』를
영인影印하여 부록으로 붙인 것이다.(49쪽)

* 다만, 번역의 일부 오자는 바로잡았다.

表忠祠

執禮笏記

無乙精舍

執禮笏記

謁者引初獻官陞自東階。

알자(謁者)는 초헌관(初獻官)을 인도하여 동쪽 계단으로 올라가시오.

點視陳設訖還出。

진설을 점검하고 끝이나면 돌아 나오시오.

謁者引都執事陞自西階

알자는 도집사(都執事)를 인도하여 서쪽 계단으로 올라가시오.

開櫝訖還出。

독을 열고 끝이나면 돌아 나오시오.

贊者謁者贊引先就階間拜位。

찬자(贊者) 알자(謁者) 찬인(贊引)은 먼저 계단사이의 절하는 자리로 나아가시오.

再拜。

두번 절하시오.

各就位。

각자 제 자리에 나아가시오.

贊引引諸釋入就位。

찬인은 모든 불제자(佛弟子)를 인도하여 들어와 자리에 나아가시오.

贊引引祝及諸執事入就階間拜位。

찬인은 축관(祝官) 및 모든 집사(執事)를 인도하여 들어와서 계단사이의 절하는 자리에 나아가시오.

再拜。

두번 절하시오.

詣盥洗位。

관세할 자리로 나아가시오.

盥。

손을 씻으시오.

帨。

손을 닦으시오。

各就位。

각자 제 자리에 나아가시오。

謁者引初獻官贊引各引獻官入就位。

알자는 초헌관을 인도하고 찬인은 각각 헌관을 인도하여 들어와서 자리에 나아가시오。

謁者進獻官之左白有司謹具請行事。

알자는 헌관의 왼쪽에 나아가서 유사 근구청행사（有司謹具請行事）라고 사뢰시오。

獻官及諸釋皆再拜。

헌관 및 모든 불제자는 다 두번 절하시오.

行奠幣禮

전폐례를 행하겠습니다.

謁者引初獻官詣盥洗位。

알자는 초헌관을 인도하여 관세할 자리로 나아가시오.

南向立搢笏。

남쪽을 향해서서 홀을 꽂으시오.

6

盥。

손을 씻으시오。

帨。

손을 닦으시오。

執笏。

홀을 잡으시오。

引詣普濟尊者清虛堂神位前

인도를 받아 보제존자청허당 신위 앞에 나아가시오。

西向跪搢笏。

서쪽을 향해 꿇어앉아 홀을 꽂으시오.

三上香。

향합(香盒)의 향을 향로(香爐)에 세번 사르시오.

奠爐于神位前。

향로를 신위앞의 향탁에 올리시오.

祝以幣篚授獻官。

축관은 폐백 광주리를 헌관에게 주시오.

獻官執幣獻幣以幣授祝。

헌관은 폐백 광주리를 받아 폐백을 드리면서 폐백광주리를 축관에게 주시오.

奠于神位前

축관은 폐백광주리를 신위앞에 올리시오.

獻官執笏

헌관은 홀을 잡으시오.

俯、伏、興、平身。

머리를 숙여 엎드렸다가 일어나 바로 서시오.

引詣弘濟尊者泗溟堂神位前。

인도를 받아 홍제존자사명당 신위앞에 나아가시오.

西向跪搢笏。

서쪽을 향해 꿇어앉아 홀을 꽂으시오.

三上香。

향합의 향을 향로에 세번 사르시오.

奠爐于神位前。

향로를 신위앞의 향탁에 올리시오.

祝以幣篚授獻官。
축관은 폐백광주리를 헌관에게 주시오.

獻官執幣獻幣以幣授祝。
헌관은 폐백광주리 받아 폐백을 드리면서 폐백광주리를 축관에게 주시오.

奠于神位前。
신위앞에 올리시오.

獻官執笏
헌관은 홀을 잡으시오.

俯、伏、興、平身。

머리를 숙여 엎드렸다가 일어나 바로 서시오。

次詣福國佑世騎虛堂神位前。

다음은 복국우세기허당 신위앞에 나아가시오。

西向跪搢笏。

서쪽을 향해 꿇어앉아 홀을 꽂으시오。

三上香。

향합의 향을 향로에 세번 사르시오。

奠爐于神位前。

향로를 신위앞의 향탁에 올리시오。

祝以幣篚授獻官。

축관은 폐백광주리를 헌관에게 주시오。

獻官執幣獻幣以幣授祝。

헌관은 폐백광주리 받아 폐백을 드리면서 폐백광주리를 축관에게 주시오。

奠于神位前。

신위앞에 올리시오。

獻官執笏

헌관은 홀을 잡으시오.

俯、伏、興、平身。

머리를 숙여 엎드렸다가 일어나 바로 서시오.

引降復位。

인도를 받아 내려와 본자리에 가서 서시오.

行初獻禮

초헌 례를 행하겠습니다.

謁者引初獻官詣尊所東向立。

알자는 초헌관을 인도하여 준소(樽所)에 나아가 동쪽을 향해 서시오.

司尊擧冪酌酒

사준은 술두루미의 뚜껑을 들고 용작으로 술을 뜨시오.

執事以爵受酒。

집사는 작(爵)으로서 술을 받으시오.

引詣普濟尊者清虛堂神位前

인도를 받아 보제존자청허당 신위앞에 나아가시오.

西向跪搢笏。

서쪽을 향해서 꿇어앉아 홀을 꽂으시오。

執事以爵授獻官。

집사는 작을 헌관에게 주시오。

獻官執爵獻爵以授執事。

헌관은 작을 받아 작을 드리면서 집사에게 주시오。

奠于神位前。 站南

신위앞에 올리시오 (잔남반쪽침의)。

16

獻官執笏。
헌관은 홀을 잡으시오。

俯、伏、興、平身。
머리를 숙여 엎드렸다가 일어나 바로 서시오。

引詣尊所東向立。
인도를 받아 준소에 나아가 동쪽을 향해 서시오。

司尊擧冪酌酒。
사준은 술두루미의 뚜껑을 들고 용작으로 술을 뜨시오。

執事以爵受酒。

집사는 작으로서 술을 받으시오.

引詣弘濟尊者泗溟堂神位前。

인도를 받아 홍제존자사명당 신위앞에 나아가시오.

西向跪搢笏。

서쪽을 향해 꿇어앉아 홀을 꽂으시오.

執事以爵授獻官。

집사는 작을 헌관에게 주시오.

18

獻官執爵獻爵以授執事。
헌관은 작을 받아 작을 드리면서 집사에게 주시오.

奠于神位前站南。
신위앞에 올리시오(남쪽의 잔받침).

獻官執笏。
헌관은 홀을 잡으시오.

俯、伏、興、平身。
머리를 숙여 엎드렸다가 일어나 바로 서시오.

引詣尊所東向立。
인도를 받아 준소에 나아가 동쪽을 향해 서시오.

司尊擧冪酌酒。

사준은 술두루미의 뚜껑을 들고 용작으로 술을 뜨시오.

執事以爵受酒。

집사는 작으로서 술을 받으시오.

次詣福國佑世騎虛堂神位前。

다음은 보국우세기허당 신위앞에 나아가시오.

西向跪搢笏。

서쪽을 향해 꿇어앉아 홀을 꽂으시오.

20

執事以爵授獻官。
집사는 작을 헌관에게 주시오.

獻官執爵獻爵以授執事。
헌관은 작을 받아서 작을 드리면서 집사에게 주시오.

奠于神位前。站南
신위앞에 올리시오(잔남쪽의 반쪽침).

獻官執笏。
헌관은 홀을 잡으시오.

俯、伏、興、小退北向跪。

머리를 숙여 엎드렸다가 일어나 조금 물러나서 북쪽을 향해 꿇어앉으시오.

祝進獻官之左東向跪。

축관은 헌관의 왼쪽에 나아가 동쪽을 향해 꿇어앉으시오.

讀祝文。

축문을 읽으시오.

獻官俯、伏、興、平身。

헌관은 머리를 숙여 엎드렸다가 일어나 바로서시오.

引降復位。

인도를 받아 내려와 본자리에 가서 서시오。

行亞獻禮

아헌례를 행하겠습니다。

謁者引亞獻官詣盥洗位。

알자는 아헌관을 인도하여 관세할 자리로 나아가시오。

搢笏。

홀을 꽂으시오。

盥。

손을 씻으시오。

帨。

손을 닦으시오。

執笏。

홀을 잡으시오。

引詣尊所東向立。

인도를 받아 준소에 나아가 동쪽을 향해 서시오。

司尊擧羃酌酒。

사준은 술두루미의 뚜껑을 들고 용작으로 술을 뜨시오。

執事以爵受酒。

집사는 작으로서 술을 받으시오。

引詣普濟尊者清虛堂神位前。

인도를 받아 보제존자청허당 신위앞에 나아가시오。

西向跪搢笏。

서쪽을 향해 꿇어앉아 홀을 꽂으시오。

執事以爵授獻官。

집사는 작을 헌관에게 주시오.

獻官執爵獻爵以授執事。

헌관은 작을 받아 작을 드리면서 집사에게 주시오.

奠于神位前。站中

신위앞에 올리시오(잔가운데받침).

獻官執笏。

헌관은 홀을 잡으시오.

俯、伏、興、平身。

머리를 숙여 엎드렸다가 일어나 바로 서시오.

引詣尊所東向立。

인도를 받아 준소에 나아가 동쪽을 향해 서시오.

司尊擧冪酌酒。

사준은 술두루미의 뚜껑을 들고 용작으로 술을 뜨시오.

執事以爵受酒。

집사는 작으로서 술을 받으시오.

引詣弘濟尊者泗溟堂神位前。

인도를 받아 홍제존자사명당 신위앞에 나아가시오。

西向跪搢笏。

서쪽을 향해 꿇어앉아 홀을 꽂으시오。

執事以爵授獻官。

집사는 작을 헌관에게 주시오。

獻官執爵獻爵以授執事。

헌관은 작을 받아 작을 드리면서 집사에게 주시오。

奠于神位前。站中。

신위앞에 올리시오(잔가운데 반침).

獻官執笏。

헌관은 홀을 잡으시오。

俯、伏、興、平身。

머리를 숙여 엎드렸다가 일어나 바로 서시오。

引詣尊所東向立。

인도를 받아 준소에 나아가 동쪽을 향해 서시오。

司尊舉冪酌酒。

사준은 술두루미의 뚜껑을 들고 용작으로 술을 뜨시오。

29 집례홀기

執事以爵受酒。

집사는 작으로서 술을 받으시오.

次詣福國佑世騎虛堂神位前。

다음은 복국우세기허당 신위앞에 나아가시오.

西向跪搢笏。

서쪽을 향해 꿇어앉아 홀을 꽂으시오.

執事以爵授獻官。

집사는 작을 헌관에게 주시오.

獻官執爵獻爵以授執事。

헌관은 작을 받아 드리면서 집사에게 주시오.

奠于神位前。站中

신위앞에 올리시오(잔가운데 잔받침).

獻官執笏。

헌관은 홀을 잡으시오.

俯、伏、興、平身。

머리를 숙여 엎드렸다가 일어나 바로 서시오.

引降復位。

인도를 받아 내려와 본자리에 가서 서시오。

行終獻禮

종헌례를 행하겠습니다。

謁者引終獻官詣盥洗位。

알자는 종헌관을 인도하여 관세하는 자리로 나아가시오。

搢笏。

홀을 꽂으시오。

盥。

손을 씻으시오.

帨。

손을 닦으시오.

執笏。

홀을 잡으시오.

引詣尊所東向立。

인도를 받아 준소에 나아가 동쪽을 향해 서시오.

司尊擧羃酌酒。

사준은 술두루미의 뚜껑을 들고 용작으로 술을 뜨시오。

執事以爵受酒。

집사는 작으로서 술을 받으시오。

引詣普濟尊者淸虛堂神位前。

인도를 받아 보제존자청허당 신위앞에 나아가시오。

西向跪搢笏。

서쪽을 향해 꿇어앉아 홀을 꽂으시오。

執事以爵授獻官。

집사는 작을 헌관에게 주시오。

獻官執爵獻爵以授執事。

헌관은 작을 받아 작을 드리면서 집사에게 주시오。

奠于神位前。站北

신위앞에 올리시오(잔북쪽의 받침)。

獻官執笏。

헌관은 홀을 잡으시오。

俯、伏、興、平身。

머리를 숙여 엎드렸다가 일어나 바로 서시오.

引詣尊所東向立。

인도를 받아 준소에 나아가 동쪽을 향해 서시오.

司尊擧冪酌酒。

사준은 술두루미의 뚜껑을 들고 용작으로 술을 뜨시오.

執事以爵受酒。

집사는 작으로서 술을 받으시오.

引詣弘濟尊者泗溟堂神位前。

인도를 받아 홍제존자사명당 신위앞에 나아가시오。

西向跪搢笏。

서쪽을 향해 꿇어앉아 홀을 꽂으시오。

執事以爵授獻官。

집사는 헌관에게 작을 주시오。

獻官執爵獻爵以授執事。

헌관은 작을 받아 작을 드리면서 집사에게 주시오。

奠于神位前坫北。

신위앞에 올리시오(잔복받침의)(잔북받침).

獻官執笏。

헌관은 홀을 잡으시오.

俯、伏、興、平身。

머리를 숙여 엎드렸다가 일어나 바로 서시오.

引詣尊所東向立。

인도를 받아 준소에 나아가 동쪽을 향해 서시오.

司尊擧羃酌酒。

사준은 술두루미의 뚜껑을 들고 용작으로 술을 뜨시오.

執事以爵受酒。

집사는 작으로서 술을 받으시오.

次詣福國佑世騎盧堂神位前。

다음은 북국우세기허당 신위앞에 나아가시오.

西向跪搢笏。

서쪽을 향해 꿇어앉아 홀을 꽂으시오.

執事以爵授獻官。

집사는 작을 헌관에게 주시오.

獻官執爵獻爵以授執事。

헌관은 작을 받아 작을 드리면서 집사에게 주시오.

奠于神位前站北。

신위앞에 올리시오(잔북쪽의 받침).

獻官執笏。

헌관은 홀을 잡으시오.

俯、伏、興、平身。

머리를 숙여 엎드렸다가 일어나 바로 서시오.

40

引降復位。

인도를 받아 내려와 본자리에 가서 서시오.

飮福受胙。

음복하고 제육받는 예를 행하겠습니다.

謁者引初獻官詣飮福位。

알자는 초헌관을 인도하여 음복하는 자리에 나아가시오.

東向跪搢笏。

동쪽을 향해 꿇어앉아 홀을 꽂으시오.

執事南向跪。

집사는 남쪽을 향해 꿇어앉으시오.

以爵授獻官。

작을 헌관에게 주시오.

獻官受爵。

헌관은 작을 받으시오.

飮卒爵。

작에 술을 다 마시시오.

執事受虛爵復於坫。

집사는 허작을 받아서 도로 본 받침에 가져다 놓으시오.

祝以豆進減神位前蔬饌。

축관은 두(豆)로서 신위앞에 있는 소찬을 덜어내시오.

南向跪授獻官。

남쪽을 향해 꿇어앉아 헌관에게 주시오.

獻官受饌以授執事。

헌관은 소찬을 받아 집사에게 주시오.

獻官執笏。

헌관은 홀을 잡으시오.

俯、伏、興、平身。

머리를 숙여 엎드렸다가 일어나 바로 서시오.

引降復位。

인도를 받아 내려와 본자리에 가서 서시오.

獻官及諸釋皆再拜。

헌관 및 모든 불제자는 다 두번 절하시오.

撤籩豆

변두 거두는 예를 행하겠습니다.

祝入撤籩豆。

축관은 들어가 변과 두를 거두시오.

籩豆各一小移於故處。

변과 두 각 한개씩를 그자리에서 조금씩 옮기시오.

獻官及諸釋皆再拜。

헌관 및 모든 불제자는 다 두번 절하시오.

行望瘞禮

망예례를 행하겠습니다.

謁者引初獻官詣望瘞位。

알자는 초헌관을 인도하여 망예제의 자리에 나아가시오.

南向立。

남쪽을 향해 서시오.

祝取祝板及幣降自東階。

축관은 축판과 폐백을 가지고 동쪽 계단으로 내려가시오.

置于坎。

축문과 폐백을 구덩이에 넣으시오. " 끝나면 헌관과 축관은 본자리로 가서 서야합니다. "

謁者進獻官之左白禮畢。

알자는 헌관의 왼쪽에 나아가 예필이라고 사뢰시오.

遂引獻官出

그리고 헌관을 인도하여 나가시오. " 이때 알자와 찬인은 헌관을 인도하여 나간 다음 본자리로 와야합니다. "

祝及諸執事俱復階間拜位。

축관 및 여러 집사는 모두 계단사이의 절하는 자리에 와서 서시오.

皆再拜以次出。

다 두번 절한 다음 나가시오.

諸釋出。

모든 불제자도 나가시오.

贊者謁者贊引就階間拜位。

찬자、알자、차인은 계단사이의 절하는 자리에 나아가시오.

再拜而出。

두번 절하고 나가시오.

都執事合櫝而出。

도집사는 합독을 한 다음 나가시오.

掌饌者帥其屬撤禮饌合門以退。

장찬은 그 수종하는이를 인솔하여 제수를 거둔 다음 문을 닫고서 물러나시오.

無乙精舍